UMSCHAU

SABINE KNOLL
GERHARD FALLY
DANIEL SCHVARCZ

EINE KULINARISCHE ENTDECKUNGSREISE ENTLANG DER DONAU

UMSCHAU

INHALT

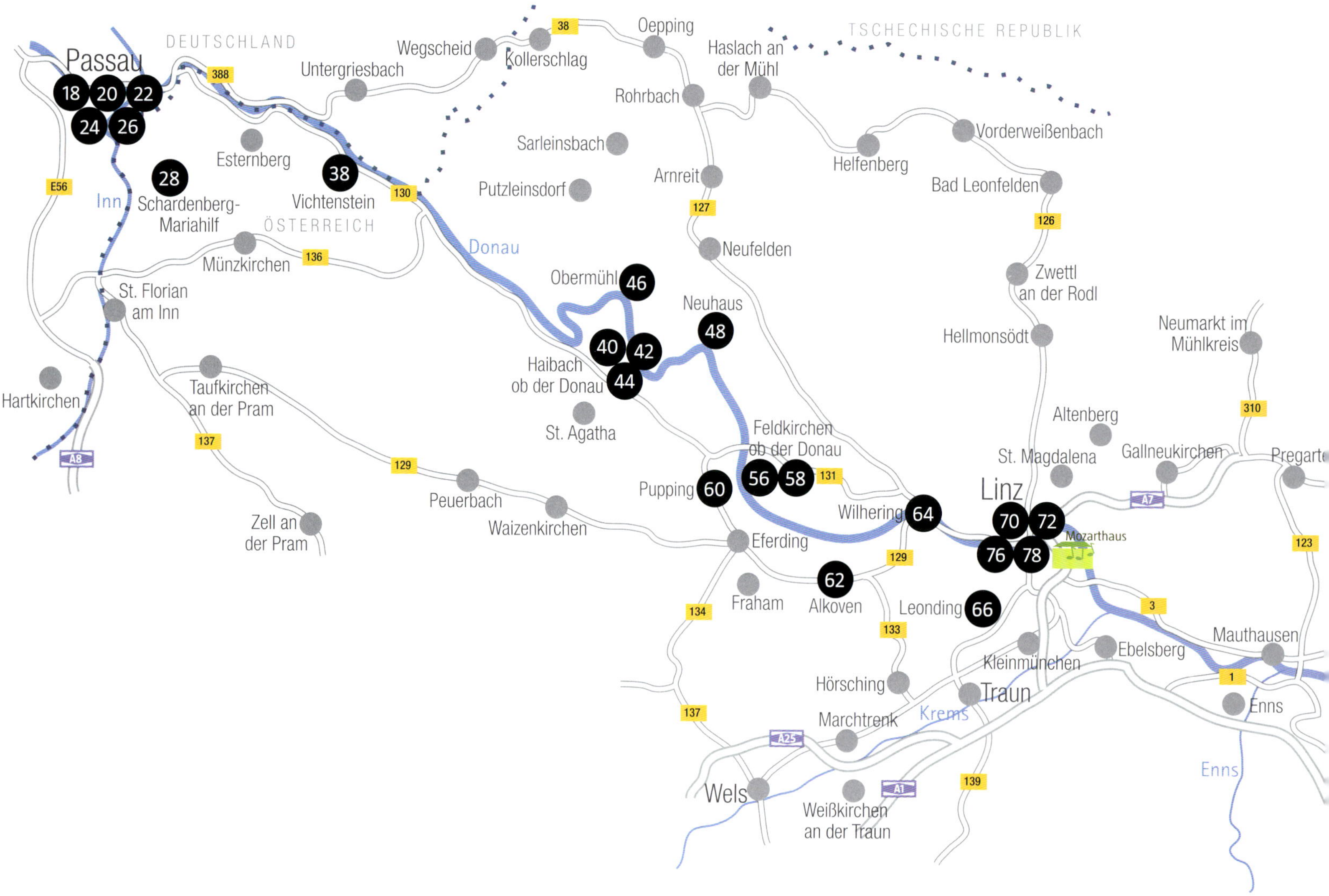
DEUTSCHLAND
TSCHECHISCHE REPUBLIK
ÖSTERREICH
Passau
18
20
22
24
26
28
38
40
42
44
46
48
56
58
60
62
64
66
70
72
76
78
Untergriesbach
Wegscheid
Kollerschlag
Oepping
Haslach an der Mühl
Rohrbach
Sarleinsbach
Putzleinsdorf
Arnreit
Esternberg
Vichtenstein
Schardenberg-Mariahilf
Inn
Donau
Münzkirchen
St. Florian am Inn
Hartkirchen
Taufkirchen an der Pram
Zell an der Pram
Peuerbach
Waizenkirchen
Obermühl
Neuhaus
Haibach ob der Donau
St. Agatha
Neufelden
Helfenberg
Vorderweißenbach
Bad Leonfelden
Zwettl an der Rodl
Hellmonsödt
Neumarkt im Mühlkreis
Altenberg
St. Magdalena
Gallneukirchen
Pregarten
Feldkirchen ob der Donau
Pupping
Eferding
Wilhering
Linz
Mozarthaus
Fraham
Alkoven
Leonding
Hörsching
Kleinmünchen
Ebelsberg
Mauthausen
Traun
Marchtrenk
Krems
Enns
Wels
Weißkirchen an der Traun
E56
A8
388
38
130
136
137
129
127
126
310
131
A7
123
3
1
134
133
137
A25
A1
139

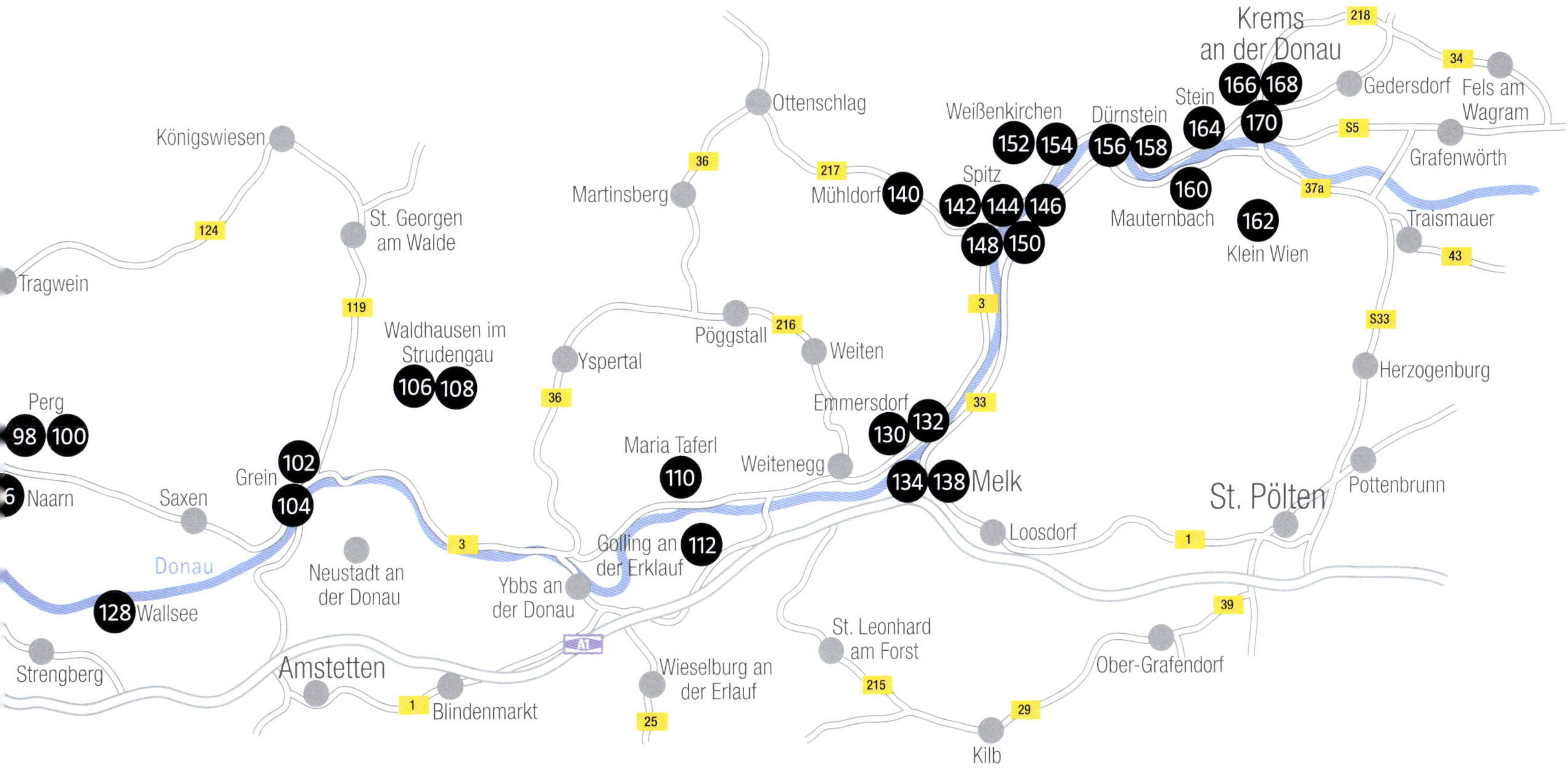

28 Die Zahlen in der Karte sind identisch mit den Seitenzahlen der verschiedenen Betriebe in diesem Buch und zeigen ihre Lage in der Region.

VORWORT

„Die Donau kommt vom Schwarzwald her und mündet in das Schwarze Meer." Mit diesem Reim begegnete mir die Donau zum ersten Mal in meiner Kindheit im Volksschulunterricht. Nicht lange später, als stolze Besitzerin meiner ersten Kamera, hielt ich vom Bord eines Donauschiffes aus die schönsten Motive der Wachau auf Schwarzweißfilm fest. Jetzt, viele Jahre später, ist diese Landschaft meine Heimat geworden. Der Blick aus meinem Fenster auf die Donau inspiriert mich immer wieder, auch beim Schreiben dieses Buchs. „Was soll das Leben anderes als im Fluss sein, mit dem Wasser in der Nähe", meinte eine Freundin und Feng-Shui-Beraterin nach meiner Übersiedlung nach Loiben.

Der Donaustrom ist faszinierend, beglückend und doch auch manchmal beängstigend. Wenn das Wasser binnen Stunden steigt und stetig näher rückt, wie beim letzten Hochwasser im Juni 2013, wird schnell klar, wo wir als Menschen im Vergleich mit den Elementen und Naturgewalten stehen. Beeindruckend sind der Mut, der Zusammenhalt und die Kraft der Bevölkerung, die immer wieder anpackt und weitermacht, weil die Liebe zu dieser Landschaft und zur Donau größer ist als der Schmerz über die Verluste.

So begegnen uns in diesem Buch eine Reihe von Betrieben, deren Besitzer und Besitzerinnen mit dem Wasser seit jeher leben und trotzdem niemals aufgeben. Mancherorts ist es leichter geworden, seitdem der Hochwasserschutz entstanden ist und mobile Schutzwände die Orte vor den Fluten bewahren. Der Donaublick aus nächster Nähe ist unbezahlbar, auch wenn er bisweilen teuer zu stehen kommt.

Wenn der Spuk vorbei ist und der Strom scheinbar gezähmt wieder in seinem Flussbett fließt, vergisst man schnell die Bilder von Zillen und Enten in den Ortsstraßen. Dann dominiert die Freude über das Sein an diesem schönen Fleckchen Erde. Schon strahlt wieder die Sonne, idyllische Postkartenmotive prangen an jeder Ecke und wer sich auf Land und Leute einlässt, kann sich nur in sie verlieben. Die Donau zwischen Passau und Krems zählt zu den schönsten Regionen der Welt und ist es wert, besucht zu werden. Möge Ihnen diese kulinarische Entdeckungsreise Lust auf mehr machen und viel Freude bereiten!

Sabine Knoll

OBERNZELL

PASSAU

RATHAUSTURM IN PASSAU

PASSAU

Die Drei-Flüsse-Stadt an der Grenze

Der Klang ergreift den ganzen Körper, mächtig und zart, berührend, erschütternd. Wenn der Domorganist alle Register auf der größten Orgel der Welt im Passauer Stephansdom zieht, sind die Menschen in den vollbesetzten Reihen Teil eines Klangerlebnisses. Die Mittags- und Abendkonzerte im Dom, der vom höchsten Punkt der Altstadt weithin sichtbar aufragt, treffen mitten ins Herz.

Sein barockes Erscheinungsbild hat der Dom Sankt Stephan, Sitz des Passauer Bischofs, erst seit der zweiten Hälfte des 17. Jahrhunderts. Ein Stadtbrand im Jahre 1662 vernichtete den gotischen Vorgänger und die gesamte Altstadt. Barocke Baumeister aus Italien gaben ihr danach ein neues Gesicht. Die Elemente Feuer und Wasser haben der Drei-Flüsse-Stadt, die am Zusammenfluss der blauen Donau, des grünen Inn aus den Alpen und der dunklen, moorigen Ilz liegt, immer wieder schwer zugesetzt.

Hoch über den Flüssen, auf dem Altstadthügel, siedelten bereits die Kelten und hatten ihren Hafen an der Donau. Die Römer eroberten die Siedlung und errichteten an ihrer Stelle das Kastell Batavis zur Befestigung des Limes. Von der Bezeichnung Batavis leitete sich der Name Passau ab. Funde aus der Zeit der Römer sind im Römermuseum Kastell Boiotro in der Innstadt, jenseits des Inns, zu sehen. Das spätmittelalterliche Gebäude, in dem das Museum untergebracht ist, ruht auf römischen Fundamenten.

Hoch über der Stadt liegt die Wallfahrtskirche Mariahilf mit ihren auffälligen Turmhelmen, gegenüber, jenseits der Altstadt und der Donau, die Veste Oberhaus, eine der größten erhaltenen Burganlagen Europas. Ausstellungen geben Einblick in das mittelalterliche Leben und die Entwicklung Passaus. Von diesen erhabenen Plätzen ist der Blick auf die Altstadt und die drei Flüsse am schönsten.

Die Fußgängerzone rund um die Ludwigstraße ist die Flaniermeile, inmitten der kleinen Gassen mit ihren bezaubernden Läden und Lokalen lässt es sich gut bummeln. Weiter unten, an der Innpromenade, wartet beschauliche Ruhe. Die Anlegestellen der Ausflugs- und Kreuzfahrtschiffe sind jenseits der Spitzkehre bei Schloss Ort am rechten Donau-Ufer.

Gleich hinter der Stadt verläuft die Grenze zu Österreich. Städtefreundschaften bestehen mit Eferding und Linz, eine Städtepartnerschaft verbindet Passau mit Krems an der Donau. Den Strom und die Vielfalt der Landschaften zu erkunden, die er zwischen Passau und Krems durchfließt, zählt zu den schönsten Vorhaben. Mit dem Schiff, Rad, Auto, Bus, mit der Bahn oder wandernd. Eine Entdeckungsreise mit vielen Genüssen wartet.

HISTORISCHE HOCHWASSERPEGEL AM PASSAUER RATHAUS

KLASSISCHES NEBEN TRENDIGEM

Kreative Köstlichkeiten vom Konditor und Pralinenmeister

„Wir sind die Anders-Konditorei", sagt Stephan Greindl, Chef des Café Greindl und zweier Filialen in der Passauer Altstadt und meint damit seinen Mut zu Neuem. Ob in der Backstube, der Pralinenmanufaktur oder im Ambiente, Greindl setzt eigenständige, kreative Akzente. Rund 40 Torten, wie etwa die Jamaika-Rumtorte oder die Bayerwald-Sahnetorte, und sechs verschiedene Strudel von Birne über Zwetschke und Aprikosen-Topfen bis zum Gemüsestrudel, umfasst das tägliche Sortiment. Dazu lassen sich in Zusammenarbeit mit einer Kaffeerösterei die Kaffeespezialitäten aus aller Herren Länder genießen, serviert unter anderem im Bodum-Brüher oder als Slow Coffee wie zu Großmutters Zeiten mit Porzellanfilter.

Fantasievoll sind auch die Eiskreationen, wie zum Beispiel der Champagner-Krokant-Becher mit Kürbiskernöl, neben beliebten Klassikern für alle, die das Vertraute lieber mögen. Wer den ganzen Tag frühstücken möchte, kann das in allen Filialen ebenso wie zu Mittag ein warmes Essen genießen. Alle drei Greindl-Standorte verfügen über eigene Küchen.

Mehrfach ausgezeichnet, unter anderem mit der Goldmedaille der Konditoreninnung, sind Greindls Pralinen. 60 bis 80 Sorten entstanden seit Beginn der 1990er-Jahre, Trendiges wie der Hugo-Trüffel oder der Sissi-Prosecco-Rosentrüffel, Trüffel mit grünem Tee, Balsamico, Maracuja oder Sesam und Sanddorn zum Beispiel. Pralinen als süße Medizin in der Apothekerflasche oder vier Sorten Glückskugeln, süß, sauer, scharf und belebend, sind beliebte Geschenke.

Die Experimentierfreude von Stephan Greindl kennt keine Grenzen. Nach laktosefreien Pralinen mit Soja- oder Getreidemilch sind unter anderem ayurvedische Pralinen in Vorbereitung, abgestimmt mit seiner Frau Kim, in Ausbildung zur Ernährungsberaterin. Und in Seminaren lernen alle Hobby-Chocolatiers ihren Nikolaus, Osterhasen oder Muttertagsherzen selbst herzustellen.

KIRSCH-QUARK-STRUDEL
Dieses Rezept finden Sie auf der Seite 30

CAFÉ GREINDL
Stephan Greindl
Wittgasse 8, D-94032 Passau
Tel. 00 49 (0) 8 51 / 3 56 77
www.greindl-passau.de

beef
boys

STEAKS UND MEHR KÖSTLICHKEITEN

Amerikanische Inspirationen mit jungen, kreativen Ideen

„Ich habe eine Zeit lang in Amerika gearbeitet und Betriebswirtschaft studiert. Damals war ich begeistert vom Surf'n'Turf-Konzept der Lokale", erzählt Benedikt Lohr, Chef der Beef Boys. Die Verbindung von Fleisch und Fisch, ergänzt um Salate und Hühnchen, wurde in Passau zur Innovation. Der Schwerpunkt liegt auf Steaks – von Rindern aus Südamerika oder aus Texas, neben Black Angus aus Irland oder Bisonfleisch aus Kanada.

Das Team der Beef Boys setzt auf Nachhaltigkeit statt Massentierhaltung. Die Rinder wachsen auf der Weide auf. Das Fleisch wird selbst portioniert und faschiert, zum Beispiel für Bisonburger aus Bisonsteakhüften. „Bisonfleisch hat einen leichten Wildgeschmack", beschreibt Benedikt Lohr den Unterschied.

Alle Gerichte inklusive Soßen werden selbst frisch hergestellt. Glutamat ist tabu. „Für manche Menschen ist das ein völlig neues Geschmackserlebnis." Gemeinsam mit seinen Jungs in der Küche kreiert Benedikt Lohr die Rezepte. Kochen lernte er von den Großeltern und seiner Mutter in der Hotelbranche. Steaks richtig zuzubereiten hat er bei den Beef Boys perfektioniert.

„Steaks müssen kurz bei viel Hitze garen. Der Kardinalfehler ist, sie davor zu würzen, Gewürze und Pfeffer verbrennen bei hohen Temperaturen. Außerdem sollte das Steak nie aus der Kühlung in der Pfanne landen, sondern Raumtemperatur haben", verrät der Chef einige Geheimnisse. Vegetarisch lebende Menschen sind trotzdem hier nicht fehl am Platz. Neben Salaten und Vorspeisen zaubert die Küche gerne Köstlichkeiten wie Brokkoli mit Proseccosahnesoße oder Leckeres aus Süßkartoffeln. Bei den Desserts fällt die Wahl schwer zwischen hausgemachten Brownies, Apple Pie, Schokosoufflé oder dem Italian Cake, einer Variante des Tiramisu.

BEEF BOYS
Benedikt Lohr
Roßtränke 10, D-94032 Passau
Tel. 00 49 (0)8 51 / 98 90 72 84
www.beefboys.de

WEINGENUSS FÜR DEN GUTEN ZWECK

Österreichisch-bayerische Schmankerl in historischen Mauern

SAIBLING BLAU
Dieses Rezept finden Sie auf der Seite 31

Vor über 650 Jahren gründete der Passauer Stadtrichter und Münzmeister Urban Gundacker mit seiner Gemahlin Plecktraud eine Stiftung zugunsten eines Spitals für 13 arme Männer, die Heilig-Geist-Stiftung. Zu ihr gehörten auch Weinberge in der Wachau. Heute ist das Spital ein Seniorenheim, doch die Weinberge in Krems an der Donau gibt es noch immer und der dort erzeugte Wein wird in der Heilig-Geist-Stiftschenke zugunsten der Stiftung verkauft.

„Mit jedem Anstoßen unterstützt man einen sozialen Zweck", sagt Pächter Fritz Mayer. Gemeinsam mit seiner österreichischen Frau Sonja lebt er die deutsch-österreichische Freundschaft in seinem Restaurant. Nicht nur der Stiftswein, großteils Grüner Veltliner und etwas Riesling, ausgebaut vom Weingut Salomon in Krems, ist die Verbindung zur Wachau. Die Marillen für Palatschinken, Marmelade und Likör kommen aus Mitterarnsdorf.

Im hauseigenen Fischbecken schwimmen Forellen, Saiblinge und Waller, aus dem nahen Apostelfischwasser im Eigentum der Stiftung werden Zander oder Weißfische geliefert. Die Gerichte sind österreichisch, wie etwa Wachauer Tafelspitz oder Kaiserfleisch, und bayerisch. Für letztere wurde die Heilig-Geist-Stiftschenke vom Ministerium für Ernährung, Landwirtschaft und Forsten sowie dem Hotel- und Gaststättenverband mit einer Goldmedaille belohnt.

Neben den traditionsreichen Räumen bietet der lauschige Gastgarten 180 Gästen Platz. Die kuscheligen Nischen sind mit Wein und Efeu überwachsen. Besonders beliebt ist die Liebeslaube. Ist der Garten nicht in Betrieb, öffnet abends der 1000-jährige Stiftskeller mit Steingewölbe, Kamin und einer alten Kremser Weinpresse. „Sie mit dem Schiff auf der Donau zu transportieren und in den Keller zu bringen, war eine Meisterleistung", erinnert sich Fritz Mayer und freut sich über ein Stück Wachau in Passau.

HEILIG-GEIST-STIFTSCHENKE
Fritz Mayer
Heilig-Geist-Gasse 4, D-94032 Passau
Tel. 00 49 (0)8 51 / 26 07
www.stiftskeller-passau.de

QUALITÄT IST EHRENSACHE

Back- und Konditorkunst mit Tradition und Erfahrung

Die älteste Bäckerei Passaus bürgt für Qualität. Seit über 120 Jahren wird die Bäckerei Hoft ausgezeichnet für handwerkliches Können und die Wahrung traditioneller Backkunst. Vom Prädikat Beste Bäckerei am Platze im Jahr 1907 über den Staatsehrenpreis für das Bayerische Bäckerhandwerk 2007 bis zu etlichen Goldmedaillen der Bäckerinnung. Die Rezepte der Familie vererben sich von Anton Hoft dem Ersten, bis mittlerweile Anton dem Fünften und werden bewahrt wie ein Schatz.

„Wir brauchen nicht zu Slow Food und Baking zurückgehen, weil wir nie anders gearbeitet haben", sagt Anton Hoft der Vierte. Der Natursauerteig für die Brote wird mit Mehl und Wasser selbst angesetzt, reift drei Tage lang in der Wärme und entfaltet dabei sein Aroma. Fertige Backmischungen, Konservierungsmittel und andere künstliche Zusatzstoffe sind für Hoft ein Tabu. Die Zutaten stammen aus der Region.

22 Brotsorten, darunter das beliebte Oberpfälzer Brot – ein Roggenbrot mit Kümmel, und 31 Sorten Kleingebäck, wie etwa die Rosensemmel, deren offene Struktur an die Blüte der Rose erinnert, sind im Sortiment. Kunstwerke aus Laugenteig werden selbst geformt, darunter Paul Floras Raben. „Der Teig ist wild. Vor dem Backen sehen sie schön aus, nachher können sie schön ausschauen", meint Anton Hoft der Vierte verschmitzt.

In der Konditorei des Hauses werden klassische Köstlichkeiten von Prinzregententorte über Sacher- und Schwarzwälder-Kirsch-Sahnetorte bis zu Innovationen wie Holler-Tiramisu mit Hollerblütensirup hergestellt. Als Ergänzung des Sortiments plant die Bäckerei und Konditorei Hoft eine Biolinie und ist von Bioland zertifiziert. Verkauft werden die Produkte an mittlerweile vier Passauer Standorten mit eigenen Kaffeehäusern, zwei in der Spitalhofstraße, auch dem Sitz der Backstube, und zwei in der Altstadt, wo 1890 der Betrieb seinen Anfang nahm.

BÄCKEREI HOFT
Anton Hoft
Spitalhofstraße 88, D-94032 Passau
Tel. 00 49 (0) 8 51 / 95 54 00
www.baeckerei-hoft.de

GESUND UND SCHMACKHAFT ESSEN

Biologische Wirtshausküche in gemütlicher Atmosphäre

„Wir kochen schon biologisch, seit es die ersten Biobauern in der Umgebung gibt. Als junge Eltern war uns wichtig, dass unsere Kinder biologische Lebensmittel bekommen", erzählen Karl „Charly" Fliegerbauer und seine Frau Doris. Seit 2005 sind ihre Lokale biozertifiziert, darunter das Bio-Wirtshaus Zum Fliegerbauer im ökologischen Zentrum Stelzlhof in Passau, wo alles, was mit biologischem Landbau zu tun hat, unter einem Dach vereint ist.

Seit 25 Jahren ist Charly Fliegerbauer schon Wirt, das erste Gasthaus Zum Grünen Baum eröffnete er in der Altstadt von Passau. Als früherer Elektroingenieur ist der schwergewichtige Chef ein Quereinsteiger in der Branche: „Ich habe schon immer gerne gekocht und gegessen, wie man sieht." Anfangs wurde das Konzept von den Kollegen belächelt. „Als wir 1989 als erstes Lokal eine Seite mit vegetarischen Gerichten hatten, dachten alle, den gibt es nicht lange."

Heute zieht die Universitätsstadt Passau junge Menschen an, die genau das suchen. Vollwertiges wie Buchweizen-Linsenrisotto oder Wildkräuterlasagne zum Beispiel. Viel vom Gemüse kommt aus Eferding in Österreich, der Zander aus der Donau und, ganz Wirtshaus, gibt es auch den Schweinebraten. Alles zu vernünftigen Preisen und in Portionen, die auch Charly selbst Freude machen.

Doris ist die Kräuterexpertin und baut in ihrer Kräuterspirale eine Vielfalt zum Dekorieren und Verkochen an. Gäste mit Nahrungsmittelunverträglichkeiten bekocht man gerne nach ihren Bedürfnissen.

In der Gaststube des Bio-Wirtshauses Zum Fliegerbauer herrscht familiäre Atmosphäre und der Sonnengarten führt um das ganze Haus. Wenn das Wetter mitspielt, gibt es Veranstaltungen auf der Freiluftbühne und im Winter Kleinkunst in der Gaststube. Denn auch Kultur ist den Fliegerbauers ein Anliegen.

SALTIMBOCCA VOM REHBOCK, DINKEL-GNOCCHI, PROVENZALISCHES GEMÜSE
Dieses Rezept finden Sie auf der Seite 31

BIO-WIRTSHAUS ZUM FLIEGERBAUER
Karl und Doris Fliegerbauer
Stelzlhof 1, D-94034 Passau
Tel. 00 49 (0)8 51 / 9 88 34 39
www.biowirtshaus.de

GASTLICHKEIT OHNE GRENZEN

Erholung und Kulinarik zwischen Deutschland und Österreich

Genau an der Grenze zwischen Österreich und Deutschland, nicht weit vom Kloster Mariahilf in Passau, liegt das idyllische Waldschloss. Erbaut 1850 als Residenz des Bistums Passau, erstrahlt es nach jahrelanger Renovierung seit 2005 in neuem Glanz und ist als Vier-Sterne-Hotel und Restaurant ein beliebtes Ausflugsziel. Dafür sorgen Hans-Christoph Haas und sein freundliches Team.

Vom Biergarten im Schatten der Kastanienbäume schweift der Blick bis zur Feste Oberhaus. Kinder tummeln sich auf dem hauseigenen Spielplatz. An kühleren Tagen bietet der helle Wintergarten über 150 Gästen Platz und ist begehrt für Feiern aller Art und romantische Hochzeiten. Wer es lieber intimer mag, sucht sich sein persönliches Plätzchen in der Lenzen Stubn, im Postzimmer oder der Gaststube. Dinner for two bei Kerzenschein bietet das Waldschloss auch im stimmungsvollen Gewölbe des eigenen Weinkellers an.

Die Küche ist eine Mischung aus österreichischer Hausmannskost und Innviertler Spezialitäten, ein Dauerbrenner ist der Kaiserschmarrn. Je nach Saison stehen Schwerpunkte wie etwa leichte Sommerküche, Schwammerl, Kürbis, Wild, Fisch und Ganserl zusätzlich auf der Karte. Und für Feste außerhalb des Hauses werden vom kalten Buffet über den exotischen Brunch bis zu ausgefallenen Fisch- und Fleischspezialitäten die Köstlichkeiten als Catering geliefert.

In den 14 geräumigen Doppelzimmern, auch mit Kinderbetten zusätzlich ausgestattet, sorgen kräftige warme Farben für heimelige Atmosphäre. Ob auf Geschäftsreise oder an einem erholsamen Wochenende auf dem Land und doch nahe an der Stadt, das Waldschloss ist ein Platz zum Wohlfühlen und strahlt besondere Energie aus.

HOTEL RESTAURANT WALDSCHLOSS
Hans-Christoph Haas
Gattern 1, A-4784 Schardenberg-Mariahilf
Tel. 00 43 (0) 77 13 / 6 74 00
www.waldschloss.at

KIRSCH-QUARK-STRUDEL

Café Greindl, Seite 18

ZUTATEN FÜR 8 PORTIONEN

TEIG

300 g Mehl, 1 Ei, 4 EL Speiseöl, 10 g Zucker

KIRSCHFÜLLUNG

800 g Kirschen, entsteint, 100 g Zucker, 1 Messerspitze Zimt, etwas Rum, evtl. etwas Speisestärke

QUARKFÜLLUNG

350 g Quark, 30 g Zucker, 1 Ei, 30 g Sahne, geschlagen, Rosinen nach Belieben

ZUM BESTREICHEN

1 Kaffeetasse Milch, 1 Kaffeetasse Butter, zerlassen

ZUBEREITUNG

Für den Teig alle Zutaten mit etwas Wasser (Menge je nach Mehlqualität) verkneten, Teig in Folie wickeln und im Kühlschrank 30 Minuten kalt stellen.
Für die Kirschfüllung Kirschen mit Zucker, Zimt und Rum vermischen, eventuell etwas Stärke dazugeben, falls die Kirschen zu saftig sind. Für die Quarkfüllung alle Zutaten vermischen sowie die Rosinen beigeben.
Den Teig in zwei gleiche Stücke teilen, mit Mehl sehr dünn bzw. hauchdünn in der Größe eines Geschirrtuchs ausrollen. Geschirrtuch mit Mehl bestäuben, Teig mit Butter und der Hälfte der Quarkfüllung bestreichen, die Hälfte der Kirschfüllung auf den Quark geben und nun den Teig samt Füllung mit dem Geschirrtuch einrollen. Strudelform ausfetten und den Teig schnell in die Form gleiten lassen. Den Vorgang nun wiederholen und den Strudel mit der Mischung aus zerlassener Butter und Milch bestreichen – und ab in den Ofen.
Die Backzeit bei 180 °C beträgt circa 1 Stunde.

SAIBLING BLAU

Heilig-Geist-Stiftschenke, Seite 22

ZUTATEN FÜR 1 PERSON

1 Saibling, ca. 350 g, küchenfertig, 200 g Gemüsestreifen (Karotten, Lauch, Sellerie), 40 g Butter, 250 ml Passauer Stiftswein (Grüner Veltliner), 1 Zitrone, 1 Gewürzbeutel mit 1 Lorbeerblatt, 2 Wacholderbeeren und 2 Nelken, Dill und Zitrone zum Garnieren, Salz, weißer Pfeffer aus der Mühle

ZUBEREITUNG

Gemüsestreifen in Butter andünsten, mit dem Weißwein ablöschen, mit 2 Liter Wasser auffüllen und mit Salz, frisch gemahlenem Pfeffer sowie dem frisch gepressten Zitronensaft würzen. Gewürzbeutel zugeben. Den mit kaltem Wasser nochmals abgewaschenen Fisch einlegen und 12 Minuten ziehen lassen (knapp unter dem Siedepunkt). Saibling mit den Gemüsestreifen anrichten, mit frischem Dill und Zitroneneck garnieren.

Dazu serviert man zum Beispiel zerlassene Butter, Sahnemeerrettich und Dampf- oder Salzkartoffeln.

SALTIMBOCCA VOM REHBOCK, DINKELGNOCCHI, PROVENZALISCHES GEMÜSE

Bio-Wirtshaus Zum Fliegerbauer, Seite 26

ZUTATEN FÜR 4 PERSONEN

SALTIMBOCCA

12 Scheiben Rehmedaillons, 12 Scheiben Parmaschinken, 12 frische Salbeiblätter, Olivenöl zum Anbraten, Salz und Pfeffer aus der Mühle

DINKELGNOCCHI

750 g mehligkochende Kartoffeln, 150 g Dinkel-Vollkornmehl, 50 g Dinkelgrieß, 20 g Butter, 150 g Topfen 20 %, 2 Eier, Muskat, Salz, Pfeffer

PROVENZALISCHES GEMÜSE

1 kg mediterranes Gemüse nach Saison (Zwiebel, Knoblauch, Zucchini, Auberginen, Paprika, Tomaten, Fenchel …), Olivenöl, Paprika, Zucker oder Honig, Thymian, Salz, Pfeffer

ZUBEREITUNG

Die Rehmedaillons mit dem Handballen flachdrücken. Auf einer Seite je eine Scheibe Schinken und ein Salbeiblatt mit einem Zahnstocher fixieren. Die andere Seite mit Salz und Pfeffer würzen. Medaillons auf beiden Seiten in Olivenöl scharf anbraten. Danach bei 60 °C im Backofen ziehen lassen.

Für die Dinkelgnocchi Kartoffeln kochen, schälen und durch ein Sieb drücken. Mit den restlichen Zutaten zu einem glatten Teig kneten. Fingerdick ausrollen und in circa 5 Zentimeter lange Stücke schneiden. Mit einer Gabel etwas flachdrücken und in siedendem Wasser etwa 10 Minuten ziehen lassen. Vor dem Servieren in einer Pfanne mit Butter und Öl anschwenken.

Die Gemüsestücke nicht zu klein schneiden, von allen Seiten in Öl anbraten und dann auf kleiner Flamme garziehen lassen. Mit Salz, Pfeffer, Paprika, Zucker und frischem Thymian würzen.

SCHLÖGENER SCHLINGE

BLICK AUF MARIENBRÜCKE UND ST. GERTRAUD KIRCHE

PASSAU BIS LINZ

Zwischen Sauwald, Schlögener Schlinge und Eferdinger Becken

Wer in Passau mit dem Schiff oder dem Rad die Donau entlang in Richtung Linz startet, erfährt im wahrsten Sinne des Wortes eine abwechslungsreiche Landschaft. Der Fluss hat sich am Oberlauf in die widerspenstige Böhmische Masse geschnitten, eindrucksvoll sichtbar auf halber Strecke bei der Schlögener Schlinge, und fließt ein Stück weiter durch die fruchtbare Ebene bei Eferding.

Kurz nach Passau überzieht der Sauwald die Hügel des Plateaus auf dem Südufer, der seinen Namen von den früher reichlich hier lebenden Wildschweinen hat. Der Haugstein mit 895 Metern ragt bei Vichtenstein empor und lockt mit Wanderwegen sowie Loipen. Über der Ortschaft Kasten thront die Burg Vichtenstein aus der Zeit um 1100. Nicht weit entfernt, bei Engelhartszell, liegt das einzige Trappistenkloster Österreichs mit seiner schönen Rokokokirche.

Ein Stück weiter landeinwärts wartet der Baumkronenweg bei Kopfing auf alle Wipfelstürmer. In über 20 Metern Höhe können die Bäume und ihre Bewohner mit sämtlichen Sinnen erlebt werden. Dafür wurden mehr als 25 Kilometer Rundhölzer zu Stegen und Aussichtsplattformen verarbeitet, mehr als 700 Festmeter Holz ermöglichen diese Vogelperspektive.

Zurück an der Donau liegt wenige Kilometer weiter das Naturwunder Oberösterreichs, 2008 gekürt von der Bevölkerung des Landes bei einer Online-Umfrage der Oberösterreichischen Nachrichten: die Schlögener Schlinge. Hier wechselte die Donau ihre Flussrichtung, als sie sich durch den Granit der Böhmischen Masse biss. Sie schlängelt sich in einem Winkel von 180 Grad um den Schlögenberg, um danach die Richtung abermals zu ändern und weiter durchs Land zu mäandern.

Zahlreiche Schiffsunternehmen bieten Fahrten durch die Schlögener Schlinge an, eine Längsfähre transportiert zwischen Au und Grafenau Radfahrer und ihre Räder, manchmal

auch letztere allein, wenn die Besitzer zu Fuß den Weg über den Naturlehrpfad Donauschlinge fortsetzen. Hier erfährt man Wissenswertes über Geologie und Klima, Besiedelung und Geschichte sowie Flora und Fauna. Wer mit dem Fahrrad das Ufer wechseln will, den transportiert eine Querfähre. Radfahren im Naturschutzgebiet ist nicht gestattet.

Postkartenmotive warten beim Aussichtspunkt Schlögener Blick auf dem rechten Ufer der Donau. Gegenüber, auf dem Bergkamm, um den sich die Fluss-Schlinge windet, liegt die Burgruine Haichenbach auf 450 Metern Höhe. Sie gehört zur Gemeinde Hofkirchen, die sich als Labyrinthgemeinde einen Namen gemacht und mehrere begehbare Labyrinthe angelegt hat. Ein kleineres Labyrinth findet sich auch im Burghof der Ruine, die ebenfalls eine Aussichtsplattform mit schönem Schlögenblick zu bieten hat.

Zwischen dem charmanten Ort Aschach mit seiner bunten Häuserzeile entlang des Wassers und Wilhering mit seinem Zisterzienser-Stift breitet sich im Süden das Eferdinger Becken auf 118,5 Quadratkilometern aus. Es ist als Gemüseregion des Landes bekannt für seine Vielfalt und wird liebevoll auch Eferdinger Landl genannt. Besiedelt war es bereits im Neolithikum und auch römische Spuren wurden gefunden.

Die nahe oberösterreichische Hauptstadt Linz mit ihren 190000 Einwohnern kommt in den Genuss der reichen Ernte, die in vielen der gemütlichen Lokale schmackhaft gekocht wird. Das berühmteste Rezept und zugleich angeblich das älteste Tortenrezept der Welt ist das für die Linzer Torte aus dem Jahr 1653. Nirgends kann die Original Linzer Torte besser vernascht werden als in ihrer Heimatstadt und nirgends schmeckt sie besser als in der Stadt am Strom, die sich von einer Industriestadt immer mehr zur Kulturstadt entwickelt hat. Die Ars Electronica mit der Linzer Klangwolke, das Brucknerhaus, das Kunstmuseum Lentos und das neue Musiktheater sind nur einige Beispiele für das kulturelle Angebot.

Große und kleine Kinder können in der 1906 errichteten Grottenbahn auf dem Pöstlingberg in die Welt der Märchen und Zwerge eintauchen. Die Pöstlingbergbahn, eine Schmalspurbahn, verbindet den Aussichtsberg der Linzer, auf dem auch weithin sichtbar eine Wallfahrtsbasilika prangt, mit der Linzer Innenstadt. Sie ist eine der steilsten Bahnen der Welt. Der Pöstlingberg zählt zum Stadtteil Urfahr, der sich vom linken Donau-Ufer in Richtung Norden erstreckt. Entlang der Donaulände liegt die längste Wiese der Stadt und in den lauschigen Lokalen fühlt man sich in der Stadt wie auf dem Land. Hier lässt es sich mit der Seele baumeln und der Tag kann entspannt ausklingen.

SCHLOSS OTTENSHEIM

SCHMANKERL AUS DEM INNVIERTEL

Erholsame Einkehr zwischen Passau und Schlögener Schlinge

INNVIERTLER BIERSCHNITZEL
Dieses Rezept finden Sie auf der Seite 80

Dort, wo das Kristallschiff aus Passau in Kasten anlegt, wartet der Gasthof Klaffenböck mit seinen Innviertler Spezialitäten. Als Mitglied der Bierregion Innviertel wird mit den Bierspezialitäten der regionalen Brauereien auch gekocht, zum Beispiel das Innviertler Bierschnitzel. Bei schönem Wetter kann man es auf der Terrasse mit Donaublick oder im Garten mit Nachmittagssonne genießen.

Die Zutaten für die Gerichte stammen aus der Region, zum Beispiel Gemüse aus Eferding und Kartoffeln aus dem Sauwald, die Fische aus der Donau. Eine Raststättenkonzession macht es möglich, dass Wirt Reinhold Klaffenböck gemeinsam mit seiner Frau Petra ganztägig warme Küche anbietet. Rast machen hier vor allem Radfahrende und Wandernde. Bereits seit 1913 ist der Gasthof im Familienbesitz. Reinhold Klaffenböck Vater baute das Haus aus und errichtete eine Tankstelle. Letztere ist für die Gäste aus dem nahen Deutschland angesichts der günstigeren österreichischen Benzinpreise heute ein Magnet.

Fahrräder und E-Bikes warten auf die Umweltbewussten. „Die E-Bikes sind bei Ostwind super, wenn Gegenwind herrscht, und bei Steigungen", weiß der Wirt. Wer nach der Tour müde ist, kann in einem der zehn Doppelzimmer übernachten, die großteils Donaublick und teilweise Balkon zu bieten haben. Die Zimmer im zweiten Stock wurden neu adaptiert und warten mit edlen weißen Lederbetten und Fauteuils auf.

Der Schlummertrunk ist selbst gemacht, ob Most, Schnaps oder Rotweinlikör. Die Äpfel und Birnen für den Most und den Obstler liefert der eigene Obstgarten, sie werden nach alter Schule gemeinsam verarbeitet. Und am Rotweinlikör hat die Familie besonders lang getüftelt, bis die Mischung aus Wein und Weingeist, unbehandelten Orangen, Zitronen, Gewürzen und Zucker allen so richtig gemundet hat.

GASTHOF KLAFFENBÖCK
Reinhold Klaffenböck
Kasten a.d. Donau 15, A-4091 Vichtenstein
Tel. 00 43 (0) 77 14 / 65 05
www.reinhold-kasten.at

RESTAURANT
PENSION
110
P
F
LARSON
Daniela
1486

URLAUB FÜR JUNG UND ALT

Günstig urlauben mit Komfort und eigenem Boot vor Anker

RINDERHUFTSTEAK MIT
GESCHMORTEM GEMÜSE
Dieses Rezept finden Sie auf der Seite 80

„Von jungen Familien über Radfahrer mit Zelt bis hin zu Pensionisten kommen alle zu uns", erzählt Andrea Winkler, Leiterin der Freizeitanlage Schlögen. Der gesamte Terrassencampingplatz bietet freien Blick auf die Donau, sei es von der Zeltwiese oder den 100 Stellplätzen für die Wohnwägen und Wohnmobile. Auch die neuen Zimmer mit Balkon liegen donauseitig. Insgesamt gibt es 40 Betten in 2-, 3- und 4-Bett-Zimmern sowie zwei Ferienwohnungen. Alle Gäste genießen gemeinsam den solargeheizten Pool.

Die meisten Dauercamper kommen aus Bayern und Österreich. Der am weitesten gereiste Gast machte mit seinem Boot auf der Fahrt von Finnland zum Schwarzen Meer halt. In der eigenen Marina können an sieben Schwimmbetonstegen 220 Boote bis 14 Meter Länge Platz finden. Jeder Liegeplatz hat Frischwasser und Stromanschluss, für Motorboote gibt es die einzige Tankstelle Oberösterreichs mit Superbenzin und Diesel. „Hier hat man 50 Kilometer freie Fahrt zwischen den Schleusen, da kann man sein Sportboot ausfahren", sagt Andrea Winkler.

Wer das Bootspatent für 10-Meter-Boote machen möchte, hat in der Bootschule auf der Donau seine Praxisstunden, die Theoriekurse im benachbarten Hotel Donauschlinge. Dauergäste des Yachthafens nutzen gerne die Slipanlage und für schwere Boote zweimal jährlich den Autokran. Ein Trailerabstellplatz ist ebenso vor Ort wie ein Mechaniker.

Selbstversorger finden alles Nötige im Supermarkt, in dem von frischem Frühstücksgebäck über Zahnputzzeug, Unterwäsche und Badesachen bis zum Gelsenschutz und Batterien alles erstanden werden kann. In der Hafenkneipe, dem Pils-Pub Schlingerl, werden Pizza, Baguette, Eis und kühle Getränke serviert. Und im Restaurant mit verglaster Terrasse gibt es Bodenständiges, von Schnitzel über Käsespätzle bis selbstgemachte Burger.

FREIZEITANLAGE SCHLÖGEN
Andrea Winkler
Mitterberg 3, A-4083 Haibach
Tel. 00 43 (0) 72 79 / 87 22
www.freizeitanlage-schloegen.at

ENTSCHLEUNIGEN MIT GENUSS

Stärkung für Körper, Geist und Seele an der Donauschlinge

MAIBOCKSCHNITZEL IN KRÄUTERPANADE, SPARGEL-BÄRLAUCHSALAT UND PAPRIKA-VINAIGRETTE
Dieses Rezept finden Sie auf der Seite 81

„Wenn ich eine Viertelstunde die Ruhe am Ufer genieße, kann ich viel Kraft schöpfen", sagt Eva Gugler, Chefin des Vier-Sterne-Hotels Donauschlinge in Schlögen. Dort, wo die Donau die Richtung ändert und auf dem Donauradweg nach der ersten Etappe ab Passau gerastet wird, ist ein Platz für Erholung und Frieden. Das spürte bereits Eva Guglers Großvater. Das Hotel ist sein Lebenswerk.

„Großvater war ein Visionär und hat schon in den 1950er-Jahren die ersten Fremdenzimmer und einen Speisesaal gebaut, später um ein Hallenbad und eine Kegelbahn erweitert. Mein Vater hat den letzten Trakt und die Donauterrasse ergänzt", erzählt die Hotelbesitzerin, die seit 2010 das Haus führt. Jeden Winter wird renoviert. „Stillstand ist Rückstand, man muss mit der Zeit gehen, trotz der Erhaltung des Traditionellen."

Tradition hat der Platz seit den Römern, für die hier ein Flottenstützpunkt war. Reste eines römischen Tors sind vor dem Hotel sichtbar. Heute ist das Haus beliebt bei Urlaubs-, Ausflugs-, Seminar- und Festgästen. Hochzeitsgesellschaften reisen oft mit dem Schiff bis direkt vor das Haus an. Ein Saal für rund 300 Menschen mit Bühne und Tanzfläche, Sektempfang auf der Donauveranda und 110 Zimmer, zum Teil mit direktem Gartenzugang an der Donau, ziehen die Gäste an.

Sollte das Wetter nicht mitspielen, kann im Wellnessbereich mit Sauna, Dampfbad, Infrarotsauna, Laconium und Tepidarium ausgespannt werden. Bei Sonnenschein lockt die Relaxwiese mit Hängematten, Strandkörben und Liegen. Neben dem Hallenbad mit Wandmalereien im römischen Stil kann auch das Freibad im nahen Yachthafen mitbenutzt werden.

Für die körperliche Stärkung sorgen zwei Küchenchefs mit saisonalen und regionalen Gerichten. Bodenständiges wie der Zwiebelrostbraten findet sich neben selbst gezogenen frischen Forellen und hausgemachten Mehlspeisen. Genuss mit Freude.

HOTEL DONAUSCHLINGE
Eva Gugler
Schlögen 2, A-4083 Haibach
Tel. 00 43 (0) 72 79 / 82 12
www.donauschlinge.at

MOST & SOFT

PREISGEKRÖNTE MOSTE UND SÄFTE

Zünftige Jausen und Schmankerl im Mosthof auf dem Berg

Vom Garten schweift der Blick über die grüne Hügellandschaft. Auf etwa 500 Metern liegt der Mosthof 3erBerg, beliebt bei Wanderern als Jausenstation. Clemens und Agnes Kreinecker weckten den verfallenen Bauernhof am Berg 3 aus dem Dornröschenschlaf, renovierten ihn von Grund auf und eröffneten ihn als Brunhuemer Mosthof 3erBerg. Die lange Mostkultur des Hofs wird preisgekrönt weitergeführt.

Ob Apfel-Birnenmost, Apfel-Cuvée, Birnen-Cuvée oder alte Sorten wie Weberbartl, Speckbirne und Bohnapfel, seit 2001 erzeugt Clemens Kreinecker eine Vielfalt an Mosten. Neben Streuobst wird auch Edelobst vermostet, darunter die Birne Gute Luise und Apfelsorten wie Jonagold. „Die Technik ist dieselbe wie im Weinbau mit Presse, Tank und Filteranlage", erzählt der ausgebildete Mostsommelier.

Neben Most entstehen Säfte, Cider und Frizzante aus Äpfeln und Birnen. Der Speckbirnen-Schaumwein reift wie Sekt mindestens acht Wochen bei der Flaschengärung. Seit 2007 wurden regelmäßig Säfte, Cider und Moste mit der Goldenen Birne im Rahmen der Wieselburger Messe belohnt. 2013 errang der Apfel-Birnen-Most den Culinarix der Landwirtschaftskammer Oberösterreich und der gewerblichen Wirtschaft. Darüber hinaus zählt der Mosthof 3erBerg zu den ausgezeichneten Most- und Kostbauern.

Die kalten Jausen und warmen Schmankerl zaubert Koch Heinz Burgstaller. Zum Beispiel hausgemachte Aufstriche, Käse mit Bergkräutern, die beliebte 3erBergjause oder das traditionelle Bratl am Sonntag. Der Kuchen ist ebenfalls selbstgemacht. Zutaten stammen zum Teil aus dem eigenen Garten, der Domäne von Clemens Kreineckers Frau Agnes.

Hochprozentig geht es einmal pro Monat beim Schaubrennen zu, wenn die eigenen Früchte, von Äpfeln, Birnen und Quitten über Zwetschken und Kirschen bis zu Himbeeren und Erdbeeren, in der Schnapsbrennerei des 3erBergs gebrannt werden. Alle Produkte gibt es auch im Ab-Hof-Laden.

3ERBERGJAUSE
Dieses Rezept finden Sie auf der Seite 82

MOSTHOF 3ERBERG
Clemens Kreinecker
Am Berg 3, A-4083 Haibach
Tel. 00 43 (0) 72 79 / 8 54 77
www.3erberg.at

GASTHOF GIERLINGER

DONAUBLICK UND AUSFLUGSSCHIFF

Im Paradies erfreut man sich an der Landschaft und den Köstlichkeiten

Paradiesisch ist die Landschaft rund um die Schlögener Schlinge. Im Donauparadies Gasthof Gierlinger in Obermühl lässt sich die Idylle genießen. Direkt vor dem Haus mündet die Kleine Mühl in die Donau. Hier, am Naturbadeplatz des Gasthofs, liegt das eigene Schiff vor Anker, die MS Lilofee. Sie wartet auf gecharterte Ausflugsfahrten nach Schlögen und war sogar schon zur Sonnenwende in der Wachau.

An der Terrasse des Gasthofs ziehen auch Kreuzfahrtschiffe vorbei und bieten ein sehenswertes Schauspiel. Radfahrer und Wanderer entdecken das Donauparadies am Donauradweg und Donausteig manchmal auf der Durchreise. In der verglasten Gaststube ist der Blick auf die Donau auch bei kühlerem Wetter erfreulich, während Mühlviertler Spezialitäten wie Gröstl oder das Grafenauer Hauspfandl – Schweinsmedaillons auf Schwammerln – verkostet werden. Saisonal und regional ist die Küche, Bärlauchgerichte, Spargel-Cordon-Bleu, frische Salate oder hausgemachte Erdbeerschnitten sind besonders beliebt. Und Stammgäste angeln sich manchmal mit den Tageskarten für Fischer ihre eigenen Zander oder Barben, die in der Küche gebraten werden.

Während Gerhard Gierlinger und seine Mutter im Küchenteam den Ton angeben, leiten Ehefrau Veronika samt Schwiegervater das Service. Gebaut wurde der Gasthof bereits vor über 100 Jahren von den Großeltern, wovon ein altes Bild noch zeugt. Das war in der Zeit vor dem Aschacher Kraftwerksbau. Nach der Übernahme durch Gerhard und Veronika im Jahr 2000 entstand der Ausbau des Hauses mit neun schönen Doppel- und Dreibettzimmern. „Klein, aber fein, ist die Devise", meint Veronika Gierlinger. Ein Teil des Hauses ist rollstuhlgerecht, sogar die Kegelbahn mit Extrastüberl. Und auf die Zimmergäste wartet der Traumblick von der Dachterrasse.

ZANDERFILET AUF TOMATEN-KNOBLAUCH-KRÄUTERSAUCE MIT BUTTERKARTOFFELN
Dieses Rezept finden Sie auf der Seite 87

DONAUPARADIES GASTHOF GIERLINGER
Veronika und Gerhard Gierlinger
Grafenau 17, A-4131 Obermühl
Tel. 00 43 (0) 72 86 / 72 13
www.gasthof-gierlinger.at

Bauernleiten,
10. Juni 1930
R. Bühel
1988
Radgupf
1949

AUSZEIT IM NATURSCHUTZGEBIET

Körper, Seele und Geist mit Schmankerl und Stille auftanken

MÜHLVIERTLER KNÖDELVARIATION
Dieses Rezept finden Sie auf der Seite 83

Am Ende der Straße herrschen Ruhe und Frieden. Wer im Gasthof Ernst in Untermühl Station macht, fühlt sich wie in einer anderen Welt. Nahe der Staustufe Aschach, dort wo die Große Mühl aus dem Mühlviertel in die Donau mündet, wirkt der Strom wie ein ruhiger See. „Zu uns kommen Ruhesuchende und Geschäftsleute, die lieber hier als in Linz übernachten, sowie viele treue Stammgäste", sagt Karin Ernst, die den Gasthof mit ihrem Bruder Oskar führt.

Der älteste Familienbetrieb des Bezirks Rohrbach, bereits seit 1594 im Besitz der Familie, liegt am Donauradweg und Donausteig. Linienschiffe legen gleich gegenüber an und die eigene Bootsanlegestelle ist wenige Meter entfernt. Wer sich sportlich betätigen will, kann gratis Fahrräder und E-Bikes ausleihen und in der eigenen E-Tankstelle auftanken. In der finnischen Steinsauna und im Dampfbad des Hauses wird ebenfalls Energie getankt.

Körperliche Stärkung bietet die Küche des Hauses mit regionaler Hausmannskost. „Bei uns ist alles selbstgemacht, von den Knödeln bis zum Bratensaft", erzählt die Wirtin stolz. Im Sommer steht sie selbst in der Küche, unterstützt von ihrer Mutter. Oskar und der Vater arbeiten im Service. Die Jäger der Familie sorgen für Wildgerichte, zum Beispiel Wildschweinbraten. Örtliche Spezialität sind die verschiedenen Knödelvariationen. Gemüselaibchen mit Bärlauch und Strudel mit saisonalem Gemüse wie Spargel oder Zucchini erfreuen die vegetarischen Gäste. Die Äpfel für den handgezogenen Apfelstrudel kommen aus dem eigenen Garten. Mit den Birnen werden sie auch zu Most gepresst.

Aus den 15 geschmackvollen Zimmern, darunter eine Familienlounge, schweift der Blick über die Donau und das nahe Schloss Neuhaus. Dorthin führen auch manchmal Ausflüge mit dem eigenen Bummelzug. Und im Winter tummeln sich auf der zugefrorenen Donau Eisstockschützen und Eisläuferinnen.

GASTHOF PENSION ERNST
Familie Ernst
Untermühl 4, A-4114 Neuhaus
Tel. 00 43 (0) 72 32 / 29 19
www.gasthof-ernst.at

BEI VICHTENSTEIN, AM UFER GEGENÜBER DER ORT OBERNZELL

DIE VESTE UNTERHAUS

UNTERWEGS

Paradiesische Landschaften auf allen Wegen

Das blaue Band der Donau zieht sich durch Hügel und Ebenen; auf seinem 2 857 Kilometer langen Weg verbindet der Fluss zehn Staaten – von seinem Ursprung im deutschen Schwarzwald bis zum Donaudelta zwischen Rumänien und der Ukraine. Durch den Rhein-Main-Donau-Kanal wuchs das für Schiffe befahrbare Flussnetz auf 3 500 Kilometer an. Zahlreiche Kreuzfahrt- und Ausflugsschiffe erschließen diese Vielfalt an reizvollen Landschaften auf dem Wasserweg und locken Jahr für Jahr Tausende Touristen in die Donaustaaten.

Das erste Donaudampfschiff nahm 1812 in Wien den Betrieb auf. In den Jahrhunderten vorher gehörten Flöße und von Tieren oder Menschen an Ketten und Seilen stromaufwärts gezogene Lastkähne zum Ortsbild. Die Treppelwege, auf denen sie an den Ufern unterwegs waren, sind heute zu Fuß- und Radwegen ausgebaut. Das Netz der Radwege erstreckt sich über den gesamten Donaulauf, wobei die Strecke zwischen Passau und Pressburg am besten beschildert und in Broschüren beschrieben ist.

Über weite Strecken führt der Donauradweg an beiden Ufern die Donau entlang und ermöglicht die Wahl zwischen Sonnen- und Schattenseite. Fähren und Boote verbinden die Ufer dort, wo Brücken fehlen und bieten damit häufig einen Panoramablick auf die reizvollen Ortschaften entlang des Wegs. Zum Beispiel die Wachauer Rollfähren in Weißenkirchen und Spitz sowie zwischen Ottensheim und Wilhering in Oberösterreich. Sie treiben, geleitet durch Stahlseile, ohne Motorkraft über die Donau und können auch Autos transportieren. Kleinere Boote, die lediglich Menschen und Räder über den Fluss bringen, sind in Dürnstein oder bei der Schlögener Schlinge in Betrieb. In letzterer ist eine Längsfähre durch das Naturschutzgebiet die Alternative zum Radweg auf dem südlichen Ufer.

Zahlreiche Selbstbedienungs-Verleihstationen für Fahrräder stehen zusätzlich zu verleihenden Betrieben rund um die Uhr zur Verfügung und ermöglichen die problemlose

Kombination mit Schiff oder Bahn. Radtramperbusse mit Anhängern, zum Beispiel zwischen Krems und Grein, ergänzen den öffentlichen Verkehr. Immer beliebter werden E-Bikes, E-Mountainbikes und Segways, die Elektromotoren zur Unterstützung der Waden ins Spiel bringen. Dadurch werden auch Abstecher in das Hügelland des Mühlviertels, Waldviertels oder auf den Berg von Stift Göttweig leichter mit dem Rad erreichbar sowie rollende Führungen durch die Stadt Linz oder auf die Ruine Aggstein möglich.

Zwischen Stift Göttweig und Stift Melk verläuft auch der 44 Kilometer lange Wachauer Abschnitt des Jakobswegs, der durch den Dunkelsteinerwald führt und in zwei Tagesetappen zu bewältigen ist. Von der Ferdinandwarte schweift der Blick über Krems und Dürnstein, das Donautal zu Füßen. Schautafeln mit Exerzitien aus Paulo Coelhos Buch „Auf dem Jakobsweg“ laden zum Mitmachen ein. Geführte Wanderungen, begleitet von Lamas als Lasttieren, sind eine Attraktion für die ganze Familie. Der Jakobsweg setzt sich im angrenzenden Nibelungengau von Melk bis Persenbeug fort, dort liegt unter anderem die Wallfahrtskirche Maria Taferl.

Der Jakobsweg in Niederösterreich, der Welterbesteig Wachau und der oberösterreichische Donausteig bilden ein Netz von Wanderwegen in verschiedenen Schwierigkeitsgraden und mit erhabenen Ausblicken auf das Donautal. Im Rahmen eines EU-Projekts sollen alle attraktiven Wanderstege entlang der Donau vom Ursprung bis zur Mündung künftig aufgelistet werden. Während die Radtouristen meist von April bis September den Donauradweg frequentieren, sind auf den Wanderwegen häufig von März bis November Menschen anzutreffen.

Zahlreiche Betriebe stimmen ihr Angebot speziell auf Wanderer oder Radfahrer ab und bieten Zimmer gerne auch für eine Nacht an. Nach den sportlichen Leistungen locken gastronomische Schmankerl in wunderschönen Gastgärten unter Bäumen oder umgeben von Weinrieden. Genuss für alle Sinne, erfahrbar entlang der Donau zwischen Krems und Passau, labt den Körper, aber auch Geist und Seele.

PASSAU, INNENHOF DER SIXTUSKAPELLE

HOTEL

SAGENHAFTER PLATZ MIT PANORAMA

Zu Gast bei Dr. Faust nostalgisch tafeln und urlauben

„Hier unter der Bank ist das Teufelsloch, da ist der Sage nach der Teufel ausgefahren. Es lässt sich nicht dauerhaft zumauern, der Putz bröckelt immer wieder ab." Rudolf Zauner führt durch das Faustschlössl in Oberlandshaag und zeigt Fausts Studierstube, eines der Stüberl im Restaurant. Das malerisch über der Donau gelegene Hotel wurde angeblich in einer Nacht vom Teufel für Dr. Faust erbaut. Goethe soll auf einer Reise ebenfalls hier vorbeigekommen sein.

Das aus dem 15. Jahrhundert stammende Schlössl wurde nach dem 2. Weltkrieg von einem Hotelier restauriert und 1966 eröffnet. Da er kinderlos war, vermachte er es einer Angestellten, der Mutter von Rudolf und Wolfgang Zauner, die heute gemeinsam das Haus führen. Während sich Rudolf mit seiner Frau dem Service widmet, sind sein Bruder als Chef der Küche und seine Schwester als Mitarbeiterin aktiv, die Schwägerin kümmert sich um die Zimmer. Verstärkt um ein Team in der Hochsaison.

Durch das Panoramafenster des Kaminzimmers mit Originalmöbeln aus den 1960er-Jahren und von der Terrasse lässt sich der Blick auf Aschach mit seinen bunten Häusern genießen. Regionale saisonale Köstlichkeiten erfreuen den Gaumen, von Spargel aus Eferding über heimische Fische, Schwammerl und Erdbeeren bis zu den Wild- und österreichischen Premium-Rinder-Steakwochen. „Unsere Stammgäste loben die gleichbleibende Qualität", freut sich Rudolf Zauner.

Für Romantikdinner und kleine Hochzeiten liefert das nostalgische Faustschlössl die ideale Kulisse, samt Genussgarten mit Liebeslaube, Galerien und Olymp. Die 12 Zimmer, darunter die geräumige Dr. Faust-Suite, haben alle Donaublick und zum Großteil Balkon. An heißen Sommertagen lockt der Pool mit einer Abkühlung sowie der eigene Donaustrand. Hier finden auch Feste statt, wie etwa Donau in Flammen mit Feuershow.

RUMPSTEAK MIT ZWEIGELTSOSSE, EIERSCHWAMMERLN UND KARTOFFELSTRUDEL
Dieses Rezept finden Sie auf der Seite 84

HOTEL RESTAURANT FAUSTSCHLÖSSL
Familie Zauner
Oberlandshaag 72, A-4101 Feldkirchen
Tel. 00 43 (0) 72 33 / 74 02
www.faustschloessl.at

BESONDERES GEBÄCK ZUR STÄRKUNG

Biobrote und Konditorware für unterwegs und im Café

„Es ist zwar ein harter Job, aber wenn man ihn gern macht ...", sagt Franz Augendopler, Bäcker und Konditormeister aus Feldkirchen. Mehrere 100 Kilo Brot und Gebäck verlassen täglich die Backstube, um 1.30 Uhr ist Dienstbeginn für die Mitarbeiter, der Chef kommt um 4 Uhr, um die Schnittbrote fertig für die Auslieferung zu machen. Vier Autos sind unterwegs bis Eferding, St. Florian, Linz und Traun. Sie beliefern Supermärkte und Privathaushalte mit frischem Brot, Gebäck und Mehlspeisen.

Das Schnittbrot für den Handel wird ohne künstliche Zusatzstoffe sterilisiert und verpackt. Für besonders gesundheitsbewusste Kunden wie das nahe Kneipp-Kurhaus und eine landwirtschaftliche Fachschule kreierte Franz Augendopler eigens Biobrot und -gebäck, zertifiziert von Bio Austria. Das biologische Sortiment, zum Beispiel Bio-Kamutweckerl, ist auch im Geschäft erhältlich.

Konventionelle Klassiker sind der Bauernlaib und das ein Meter lange Roggen-Tirolerbrot. Weizenallergiker freuen sich über die Dinkel- und Roggenkornbrote. Ausgefallener sind auch das Purpurweizenbrot aus einer alten Weizensorte und das Roggenschrotbrot. „Letzteres hat mein Vater schon vor der Vollkornwelle gebacken, und frisches Gebäck am Sonntag gibt es bei uns bereits seit fast 25 Jahren", erzählt Franz Augendopler.

In der Konditorei des Hauses entstehen Mehlspeisen, Plundergebäck, Faschingskrapfen und Brauchtumsgebäck für Ostern und Weihnachten. Außergewöhnlich sind die Teeblätter aus dünnem Blätterteig mit Schokolade, beliebt bei den Klostermärkten die Dinkelschaumrollen mit Minze- und Melissenschaum. Torten für Geburtstage oder Hochzeiten werden gerne mit essbaren Fotos aus Lebensmittelfarben garniert. Und wer in Feldkirchen Pause macht, den erwartet ein gemütliches Café mit einzigartigen Kaffee- und Teespezialitäten.

BÄCKEREI AUGENDOPLER
Franz Augendopler
Marktplatz 14, A-4101 Feldkirchen
Tel. 00 43 (0) 72 33 / 72 91

LIEBE ZUM MOST UND GEMÜSE

Sich stärken und rasten mit Blick auf die Donau

„Seit ich die Mostleidenschaft entdeckt habe, koche ich gerne mit Most", sagt Paula Langmayr, Wirtin des Landgasthofs Dieplinger in Brandstatt. Zum Beispiel Spargel mit Mosthollandaise, Mostsuppe oder Parfait aus feinduftigem Birnenmost. Verstärkt hat sich die Leidenschaft mit ihrer Ausbildung zur Mostsommelière. „Die Qualität des Mostes ist heute mit der des Weins zu vergleichen, die Vielfalt der Sorten und seine Harmonie mit den Speisen."

Früher stellte die Familie selber Most her. Schon die Großeltern betrieben eine Landwirtschaft mit Viehhandel neben dem Gasthaus, das erstmals 1635 als Wirt an der Brücke urkundlich erwähnt wurde. Aus der Zeit Maria Theresias stammt das Fischrecht zum Netzfischen. Direkt vor dem Gasthof, der zugleich Innungslokal der Eferdinger Fischer ist, werden Hechte, Zander, Karpfen und Weißfische aus der Donau gefischt und in der Küche zubereitet.

Als Mitinitiatorin der Gemüselustwirte setzt sich Paula Langmayr für den Stellenwert des saisonalen regionalen Gemüses ein. „Gurken und Tomaten zum Beispiel gibt es bei uns erst, wenn sie hier wachsen", ist die Küchenchefin konsequent. „So ist auch die Freude über den ersten Bärlauch, Spargel oder die ersten Erdbeeren größer."

Das Wild jagt Ehemann Karl im eigenen Revier. Und als Mitglied des Oberösterreichischen Edelbrandforums stellt er Edelbrände aus sonnengereiftem Obst her, zum Beispiel aus den eigenen Äpfeln, Birnen und Zwetschken. Der Verkostraum mit Blick auf die Brennerei dient auch als Seminarraum.

Zum Übernachten bieten sich die einladenden Vier- und Drei-Sterne-Zimmer des Gasthofs und des Gästehauses an, darunter eine geräumige Suite mit Whirlwanne, beliebt bei Hochzeitspaaren. Platz für Feiern ist im Festsaal, den Blick auf die Donau genießt man aus dem Stüberl, der Gaststubn und dem Kastaniengarten.

GEBRATENES DONAUZANDERFILET AUF SPARGEL-MOSTRISOTTO MIT BIRNENMOSTSOSSE
Dieses Rezept finden Sie auf der Seite 85

LANDGASTHOF PENSION DIEPLINGER
Familie Langmayr
Brandstatt 4 an der Donau
A-4070 Pupping bei Eferding
Tel. 00 43 (0) 72 72 / 23 24
www.dieplinger.at

ALTES UND NEUES VERBINDEN

Kreative bodenständige und saisonale vegetarische Küche

„Ich möchte Altes vor dem Vergessenwerden bewahren", sagt Gernot Sames, Besitzer des Landgasthauses Lehnerwirt in Alkoven. So findet man auf seiner Karte Raritäten wie eingelegte Schwarze Nüsse zu Wildfleisch, Brennesselspinat aus der Wildkräuterküche oder Tannenwipfelhonig, ein Heilmittel aus Großmutters Küche. Hausperle Rosi mit ihren über 85 Jahren kennt noch die alten Rezepte, die Gernot Sames in der Küche kreativ mit Neuem verbindet.

Nach vielen Jahren Auslandserfahrung in Top-Restaurants hat Sames das Gasthaus seiner Eltern in vierter Generation übernommen und rollstuhlgerecht ausgebaut. Saisonal und frisch zu kochen, mit Produkten aus der Umgebung, war für ihn immer schon selbstverständlich. Seine Leidenschaft gilt dem Gemüse: „Im Eferdinger Becken haben wir sogar im Winter über 20 Sorten zur Verfügung." So zaubert Gernot Sames gerne auf Nachfrage Vegetarisches, auch wenn es nicht auf der Karte steht. „Der Großteil unserer Gäste erwartet Traditionelles wie Wiener Schnitzel, Schweinsbraten oder gekochtes Rindfleisch", sagt der Wirt und versucht die Verbindung aus Bodenständigem und Kreativem wie etwa süßem Spargel mit Kriecherleis.

Nahe dem Gastgarten mit den Linden- und Nussbäumen, im eigenen Gemüseschaugarten, wachsen Artischocken, Kardonen und weiße Melanzani, Blattsalate, Kräuter und Tomaten neben langen Bohnen und Chilis, alles naturbelassen und erntefrisch in der Verarbeitung. Die Äpfel, Birnen, Weichseln und Nektarinen aus dem eigenen Obstgarten werden gemeinsam mit Jostabeeren, Brombeeren, schwarzen Johannisbeeren, Kriecherln und anderem Obst des Nachbarn zu Chutneys und Marmeladen verarbeitet, die man auch nach Hause mitnehmen kann.

Der alte Gewölbekeller bietet eine stimmungsvolle Feierkulisse und für Feste bietet Gernot Sames Catering an. Wer seine Küche länger genießen möchte, kann im hauseigenen Appartement übernachten.

GEMÜSEPALATSCHINKE MIT EINKORNRISOTTO, REHRÜCKENFILET UND APFEL-KAROTTENSOSSE

Dieses Rezept finden Sie auf der Seite 86

LANDGASTHAUS LEHNERWIRT
Gernot Sames
Alte Hauptstraße 9, A-4072 Alkoven
Tel. 00 43 (0) 72 74 / 63 38
www.lehnerwirt.at

NOR & LAND
92154

DIONYSISCH TAFELN IN WILHERING

Griechisches Flair mit Blick auf die Donau und Ottensheim

„Die Österreicher lieben die Griechen", erzählt Konstantinos Kyritsis von seinen Erfahrungen. Er führt seit 2005 in Wilhering das Restaurant Dionysos, über der Donau mit traumhaftem Blick auf das Schloss Ottensheim gelegen. Hier, wo auf dem Südufer der Donauradweg endet und die Fähre die Verbindung zum nördlichen Ufer darstellt, ist ein Stück griechische Gastfreundschaft in Oberösterreich daheim.

Gemeinsam mit seiner Frau Evangelia, die in der Küche die griechischen Spezialitäten zaubert, und einem ausschließlich griechischen Team bewirtet Konstantinos Kyritsis rund 180 Gäste im Garten und 140 im Lokal. Original griechische Reliefs an den Wänden zeigen ein dionysisches Fest. Dionysos, der Gott des Weins, der Freude und Fruchtbarkeit, lädt hier zum Mitfeiern ein.

„Für Gruppen können wir im Sommer auch ein ganzes Lamm zubereiten", bietet der Chef des Hauses an. Sei es aufwändig zerlegt, gekocht, mit Soße und Kartoffeln oder im Ganzen im Garten gegrillt. Der Dauerbrenner des Lokals ist unbestritten das Moussaka, ein Auflaufgericht mit Auberginen, Hackfleisch und Béchamelsoße. Aber auch der frische Fisch, wie Kohlbrasse, Butterfisch oder Viktoriabarsch, griechisch zubereitet, ist beliebt. Nicht zu vergessen süße Leckereien wie Baklava aus Blätterteig, Nüssen und Sirup.

Griechischer und österreichischer Wein, heimisches Bier und original Ouzo sowie Metaxa vereinen sich auf der Karte. Das Gemüse kommt aus Eferding, das Fleisch aus Österreich und Anfang der Woche trifft regelmäßig der Lkw mit den griechischen Zutaten, wie zum Beispiel Gewürzen, ein. Wer sich Griechenland nach Hause holen will, für den bietet das Restaurant Dionysos auch Catering an. Ab einer Gruppe von 20 Personen, sei es bei privaten Festen, in Firmen oder bei Praxiseröffnungen, werden die Gaumenfreuden geliefert.

RESTAURANT DIONYSOS
Konstantinos Kyritsis
Linzerstraße 32, A-4073 Wilhering
Tel. 00 43 (0) 72 26 / 22 12
www.dionysos-wilhering.at

WO DER GENUSS ZU HAUSE IST

Knackiger Grünspargel in Gesellschaft von beerigem Rotwein

Überirdisch ist die passende Bezeichnung für den Grand Vert, den Großartigen Grünen. Gemeint ist der Grünspargel des Nussböckguts am Leondinger Gaumberg bei Linz. Im Gegensatz zum Bleichspargel, der angehäufelt wird, wächst sein grüner Bruder über der Erde. „Der Grand Vert ist speziell für unser Gut gezüchtet und in Pflanzschulen gezogen", erzählt Juniorchef Karl F. Velechovsky, der das Nussböckgut seit 2013 führt.

Gepflanzt werden die jungen Wurzeln des Spargels, die im Laufe der Jahre zu Wurzelballen von einem Kubikmeter Größe heranwachsen. Von der Auspflanzung bis zur ersten Ernte vergehen drei Jahre. Dann lässt sich der zarte Grand Vert genießen. Zehn Jahre lang wird immer von Mitte April bis Ende Juni geerntet. „Der Spargel ist eine Speicherpflanze und bezieht seine Energie aus dem Wurzelsystem. Bei einer Ernte bis August würden wir die Pflanze umbringen", erkärt Karl F. Velechovsky.

Seit 1984 wird Grünspargel auf dem Lössboden des Nussböckguts gezogen, das seit dem 13. Jahrhundert im Familienbesitz ist. Dabei ist viel Erfahrung über Boden, Lage, Aussaattiefe, Abstand und Bodenbearbeitung erforderlich. Der Grand Vert zählt zu den hochwertigsten seiner Gattung und wird täglich ab fünf Uhr früh händisch gestochen. Der Ertrag der 16 Hektar geht fast ausschließlich ab Hof an die Konsumenten und die gehobene Gastronomie aus Linz und Umgebung. Sollte die tägliche Ernte ausnahmsweise nicht ausverkauft sein, wird der Rest zum Beispiel an ein Pensionistenheim gespendet. Geliefert wird ohne CO_2-Ausstoß mit dem eigenen Elektrofahrzeug.

Grünspargel zählt zu dem Gesündesten, was die Küche zu bieten hat – reich an Vitaminen, Mineralstoffen, Eiweiß und Ballaststoffen, arm an Kalorien. Ob gekocht, gebraten oder roh mit Dip genossen, ob süß oder sauer zubereitet, in den

Grand Vert
GENUSS UND VITALITÄT VON DER STANGE
WWW.GRUENSPARGEL.AT
Velsecco
ABGEFÜLLT FÜR:
FAMILIE VELECHOVSKY
A-4060 LEONDING • GAUMBERG 6
10,5% VOL
0,75L
Vel Koer
CONCORDIA LIKÖR
Tre Vel
ÖSTERREICHISCHER QUALITÄTS-
TRESTERBRAND
41,5% VOL

Rezeptsammlungen des Nussböckguts erfährt man zahlreiche Varianten. Roh geknabbert zeichnet sich der knackige Grand Vert durch einen Geschmack aus, der an Zuckererbsen erinnert. „Am besten ist es, den Spargel frisch zuzubereiten. Ein bis zwei Tage gelagert werden kann er in einem feuchten Geschirrtuch im Kühlschrank", verrät Karl F. Velechovsky.

Nach zehn Erntejahren wird 30 Jahre lang kein Spargel mehr auf das Feld gesetzt. „Bei der Zersetzung des Wurzelballens entstehen Huminsäuren, die zu aggressiv für neue Spargelpflanzen wären", weiß der Fachmann. Auf den früheren Spargelflächen wächst heute großteils Wein, die Concordiatraube, eine alte österreichische Uhudlersorte mit Beerenaroma, die sandige Böden bevorzugt. Der Weinbau ist die Domäne von Vater Karl E. Velechovsky, der die Idee zum Weinanbau gemeinsam mit seinem Sohn geboren hat. Wie auch beim Spargelanbau legt man Wert auf naturnahen Landbau mit verringertem Pflanzenschutzeinsatz. Zwischen den Rieden wird mit Klee gedüngt, Regenwürmer werden zur Bodenbearbeitung eingesetzt, geerntet wird ausschließlich händisch.

Neben dem erlesenen Uhudler-Wein, dem red uhu, wird aus den Concordiatrauben auch Velsecco, ein rubinroter Prosecco aus dem Hause Velechovsky, trocken und zuckerfrei ausgebaut. Die Süße der Trauben und ihr Waldbeeraroma ergeben einen außergewöhnlichen Schaumwein. „Die Trauben werden dafür nicht gepresst, sondern der im Gärtank entstehende Most wird abgeseiht", erzählt Karl F. Velechovsky. Der Trester wird ohne Aromastoffe und Zucker zu TreVel, einem Tresterbrand, verarbeitet.

VelKoer heißt der Neue im Sortiment, ein spezieller Rotweinlikör. Mit Zimt, Nelken, Muskat und Kräutern wurde ein Rezept kreiert, das dem Uhudleraroma der Concordiatraube den perfekten Rahmen gibt. Die genaue Mischung ist streng geheim. Und sogar der Grand Vert wird zum weltweit ersten Grünspargelschnaps verarbeitet. Experimentierfreude und innovative Ideen haben auf dem Nussböckgut ihre Heimat.

PENNE MELO MIT GRAND VERT

Dieses Rezept finden Sie auf der Seite 87

NUSSBÖCKGUT – FAMILIE VELECHOVSKY
Ing. Mag.(FH) Karl F. Velechovsky
Gaumberg 6, A-4060 Leonding
Telefon 00 43 (0) 7 32 / 67 19 54
www.nussboeckgut.at

DAUERBRENNER DONAURADWEG

Zwischen Naturschönheiten und Kulturdenkmälern an der Donau

Seit Jahren ist er der beliebteste ausländische Radweg der Deutschen: der 326 Kilometer lange Donauradweg von Passau bis Wien. Das ergab die Mitgliederbefragung des Allgemeinen deutschen Fahrradclubs, der den Donauradweg zum Vier-Sterne-Radfernweg kürte. Überwiegend asphaltierte Wege, übersichtliche Beschilderung, Rastplätze mit Informationen, Reparaturwerkstätten und fahrradfreundliche Betriebe am Weg machten's möglich. „Lediglich die Tatsache, dass in den schmalen Donautälern der Weg an der Straße geführt wird, hat uns den fünften Stern gekostet", erzählt Friedrich Bernhofer, Vorsitzender der Werbegemeinschaft Donau Oberösterreich.

Rund 650 000 Menschen sind jährlich auf dem Drahtesel zwischen Passau und Wien unterwegs, davon 55 000 auf der gesamten Strecke. Die Hälfte bucht organisierte Packages inklusive Nächtigungen und Gepäcktransport, die andere Hälfte reist individuell. Broschüren mit der Beschreibung der Wegetappen an beiden Ufern und der Empfehlung von Top-Rad-Stops mit speziellem Service, von Radabstellplätzen bis Erste-Hilfe-Werkzeug für Fahrräder, unterstützen bei der Planung.

„Ganz neue Möglichkeiten ergeben sich durch die E-Bikes und eine flächendeckende Infrastruktur an kostenlosen Ladestationen", freut sich Friedrich Bernhofer. Steigungen lassen E-Biker nur kühl lächeln. Dank des E-Motors sind auch Ausflüge in die Hügel des Hinterlands möglich. 41 Radrundrouten locken allein im bayerisch-oberösterreichischen Donautal.

Auftakt der jährlichen Fahrradsaison ist der Event Rad Total. Dann werden 80 Kilometer Bundesstraße zwischen Passau und Schlögen an beiden Ufern für den Autoverkehr gesperrt und stehen den Fahrradfans offen. Einheimische und Gäste feiern gemeinsam in den Gemeinden und genießen einen Tag lang die autofreie Zone.

DONAU OBERÖSTERREICH
Vorsitzender Friedrich Bernhofer
Lindengasse 9, A-4040 Linz
Tel. 00 43 (0) 7 32 / 72 77-800
www.donauradweg.at

AN DER DONAU UND IN DER STADT

Bodenständiges und Kreatives im traditionsreichen Haus

„Die Gastronomie muss man leben, statt bloß in ihr zu arbeiten", sagt Gerhard Mayer, Pächter des Gasthauses Lindbauer in Linz-Urfahr. Direkt an der Donau, nahe der Eisenbahnbrücke aus dem Jahr 1900 und hinter dem Damm, der den Donauradweg säumt, liegt das traditionsreiche Haus mit alten Bäumen als Schattenspendern im Garten. Von den über 100 Jahren, die das Gasthaus mit der sezessionistischen Fassade bereits besteht, hat es die Familie Mayer fast ein Vierteljahrhundert gepachtet. Während anno dazumal nur Wiesen und Felder im Umkreis waren, ist das Viertel mittlerweile eine beliebte Wohngegend.

Gerhard Mayer, der die Gastronomie in Linz von der Pike auf gelernt hat, sammelte Erfahrungen in den Wiener Hotels Sacher und Bristol ebenso wie in den Schigebieten auf dem Arlberg und im Ausland. Milwaukee in Wisconsin, Iowa, Stuttgart und Hamburg lagen auf seinem Weg, ehe die Heimat ihn wieder hatte. „Der goldene Boden ist daheim, das habe ich schnell gesehen", erzählt der weit gereiste Wirt. Gerade als die Zusage für seine Zeit auf dem Traumschiff MS Berlin kam, lernte er seine Frau kennen. „Damals dachte ich: In zweifelhaften Fällen entscheidet man sich für das Richtige. Aufs Schiff kann ich noch immer, aber ob ich die richtige Frau noch einmal finde, das ist die Frage." Gemeinsam wurde das Gasthaus Lindbauer gestartet, mit Gerhard Mayer als Küchenchef und seiner Frau im Büro.

Von der Nouvelle Cuisine bis zur Molekularküche hat der Wirt alle Perspektiven des Kochens in seinem Leben erforscht und ist schließlich wieder zum Bodenständigen, Gutbürgerlichen zurückgekommen. „Die Hausmannskost ist so reichhaltig, wenn man ein paar Ideen hat; und das interessanteste Kochen ist, aus dem Vorhandenen etwas zu machen", sagt der Koch aus Leidenschaft und ergänzt, „Guter Geschmack ist die Fähigkeit, der Übertreibung entgegenzuwirken."

Täglich frische saisonale Zutaten, von Fisch und Spargel über Eierschwammerl und Pilze bis zu Ente und Wild, werden kreativ und doch traditionell verarbeitet. Zander im Speckmantel mit thailändischem Spinat kann dabei ebenso auf der Karte stehen, wie Bärlauch-Cordon-Bleu, wobei vegetarisch lebende Menschen keineswegs vergessen werden. Wochentags stehen täglich außerdem mehrere zwei- oder dreigängige Mittagsmenüs zur Wahl.

„Als erstes isst das Auge; der Hui-Effekt ist wichtig, das Farbenspiel, und jedes einzelne Essen zählt", setzt Gerhard Mayer auch auf schön dekorierte Teller, ohne die Portionengröße zu vernachlässigen. Seine zahlreichen Stammgäste, vom Generaldirektor bis zum Arbeiter, schätzen die gleichbleibende Qualität und das große Angebot. „Wenn das Preis-Leistungsverhältnis stimmt, vergisst der Gast das nicht. Qualität ist die beste Werbung; Negativwerbung verbreitet sich sehr schnell schneeballartig", ist sich der Chef des Hauses bewusst.

Die Chauffeure von Reisebussen haben das Gasthaus Lindbauer ebenfalls für sich entdeckt und freuen sich über die schnelle Bewirtung ihrer Touristengruppen. „In einer halben Stunde können wir à la Carte für Busse kochen", ist Gerhard Mayer stolz. Der Saal des Gasthauses bietet 120 Personen Platz, insgesamt können rund 300 die im Haus, 250 im Gastgarten vom sechsköpfigen Küchenteam verköstigt werden. Das nützen Firmen gerne für Weihnachtsfeiern, und zahlreiche Gäste, die auf diesem Weg das Gasthaus kennenlernen, kommen danach mit ihren Geburtstags- und anderen Familienfesten.

An neuen kreativen Ideen und Inspirationen mangelt es Gerhard Mayer noch immer nicht, auch wenn er bisher all seine Vorstellungen für sein Gasthaus in die Tat umgesetzt hat: „Wenn man seinen Beruf wirklich lebt, fällt einem so viel ein, da bleibt man Lehrling bis zur Pensionierung. Und wie sagte schon Arthur Schnitzler: Am Ende gilt doch nur, was wir getan und gelebt haben – und nicht, was wir ersehnt haben."

ZANDERFILET IM MANGALITZA-SPECKMANTEL
AUF KARTOFFELPÜREE
Dieses Rezept finden Sie auf der Seite 89

GASTHAUS LINDBAUER
Gerhard Mayer
Linke Brückenstraße 2, A-4040 Linz
Tel. 00 43 (0) 7 32 / 73 15 97
www.gasthaus-lindbauer.at

Wia'z haus
Lehner
seit 1847

URLAUBSGEFÜHLE IN DER STADT

Bodenständiges im gediegenen und urigen Erlebniswirtshaus

Wia z'Haus – wie zu Hause – sollen sich die Gäste im „Wia z'haus Lehner", dem Wirtshaus am Fuße des Linzer Pöstlingbergs fühlen. Das wünscht sich Geschäftsführerin Margot Koll. Seit 2010 leitet sie das Lokal im Elternhaus ihres Mannes in Urfahr, wo die Stadt dörflichen Charakter hat und der Stadtwanderweg vorbeiführt. Internationale Gäste mischen sich hier unter Einheimische, die eine Vorliebe für die regionale Hausmannskost haben.

Zum Lehner kommt man wegen dem Schweinsbraten, dem Rindsgulasch, Beuschel und Gselchten, aber auch wegen der knusprigen Stelzen, Grillhendl oder Ripperl. Manchmal gibt es Ausgefallenes wie die geselchte Kalbszunge. Küchenchef Ralph Slama denkt aber auch an vegetarische Gäste. Sie finden eine Auswahl an Köstlichkeiten ohne Fleisch. Die Zuschauer eines Linzer TV-Senders verliehen dem Wia z'haus Lehner 2012 drei Gourmetherzen und Bierpapst Conrad Seidl setzte noch drei Bierkrüge nach.

Fast 500 Sitzplätze verteilen sich im ganzen Haus und Garten, von der alten Gaststube aus 1847 und dem Extrazimmer über das Gwölb im früheren Kuh- und Pferdestall mit seinem Ziegelkreuzgewölbe bis zur Lehner-Alm mit Schihüttenatmosphäre. 60 Tonnen Holz, zum Teil aus dem eigenen Stadel, wurden im ehemaligen Schweinestall und Heuboden originell verarbeitet. Im Hühnerstall, dem Separee in der dritten Etage, ist Platz für zwei beim Candlelight-Dinner, für kleine Gruppen in der Seitensprung-Hütte darunter, und Karaoke-Fans können bei Festen oder Events aus 110 000 Titeln aus allen Musikrichtungen wählen.

200 Parkplätze warten rund ums Haus. Die Jausenalm mit Selbstbedienungsgarten auf der anderen Straßenseite schließt an den Kinderspielplatz, die Festwiese und den Fischteich an. Hier wird im Winter Eisstock geschossen auf den sieben eigenen Natureisbahnen. Und wer verliert, zahlt ein Bratl.

KALBSKOPFECKEN AUF PFLÜCKSALAT
MIT ORANGEN-JOGHURTDRESSING

Dieses Rezept finden Sie auf der Seite 88

WIA Z'HAUS LEHNER
Margot Koll
Harbacher Straße 38, A-4040 Linz
Tel. 00 43 (0) 7 32 / 73 03 10
Mobil 00 43 (0) 6 99 / 12 76 49 64
www.wiazhaus-lehner.at

hametner
Speckbirnen
most
mild
e 1 liter alc.7,8Vol%
enthalt sulfite L0413sp1712
Tel.: 0732/750499
rammer andreas
am pfenningberg 8, 4040 linz

MOSTJAUSE AM LINZER HAUSBERG

Schmankerl vom Bauern und prämierte Moste verkosten

Most ist nicht gleich Most. Das weiß Andreas Rammer, ausgebildeter Mostsommelier und gemeinsam mit seiner Frau Maria Gastgeber in Hametners Mostschänke auf dem Pfenningberg am Rand von Linz. Rund 130 Apfel- und Birnbäume, großteils alte Sorten wie Bohnapfel, Speckbirne, Bichlbirne und Landlbirne, wachsen ungespritzt auf der Streuobstwiese und werden zu sortenreinen Mosten und Apfel-Birnen-Most verarbeitet. Prämierungen bei der Ab-Hof-Messe in Wieselburg und 2012 als Ausgezeichneter Most und Kost Bauer durch die Landwirtschaftskammer Oberösterreich sind schöne Anerkennungen.

Most erzeugten schon die Großeltern und die Eltern von Andreas Rammer auf dem Hametner Hof, der sich seit über 200 Jahren im Besitz der Familie befindet. Wo früher nur zwei Tische in der privaten Stube standen, werden heute zweimal pro Woche bis zu 70 Gäste in der Mostschänke sowie im Hof und Garten empfangen. Zu Mittag wird warm gekocht, zum Beispiel Speckknödel, faschierte Laibchen oder Ripperl. Zur Jause am Nachmittag und Abend gibt es kalte Speisen.

Die Schweine werden selbst artgerecht auf Stroh im Stall gehalten, die Milch vom Nachbarn wird selbst entrahmt, zu Butter, Topfen, Knoblauchkäse und anderen Köstlichkeiten verarbeitet. Hausgemachte Mehlspeisen wie Bauernkrapfen runden die Speisekarte ab. Wer statt dem Most lieber Säfte verkosten will, hat die Wahl zwischen eigenem Birnen- und Holunderblütensaft sowie gemischten Säften wie Apfel-Johannisbeere und Apfel-Karotte. Auch Apfelfrizzante, Birnen- und Zwetschkenbrand, Zirben- und Nussgeist oder Liköre bieten die Rammers an.

Im Sommer locken in der Umgebung der Pleschinger See und der Donauradweg sowie die Wanderwege zum Pfenningberg. Und ab Allerheiligen kann der Jungmost verkostet werden, das freut vor allem die zahlreichen Stammgäste.

APFELSCHLANGERL

Dieses Rezept finden Sie auf der Seite 89

HAMETNERS MOSTSCHÄNKE
Andreas und Maria Rammer
Am Pfenningberg 8, A-4040 Linz
Tel. 00 43 (0) 7 32 / 75 04 99
www.mostbauer-hametner.at

REZEPTE

INNVIERTLER BIERSCHNITZEL

Gasthof Klaffenböck, Seite 38

ZUTATEN FÜR 4 PERSONEN

600 g Freilandhendelfilet (für 4 Filets), 8 Scheiben dünn geschnittener Karreespeck, 100 g Blattspinat,
100 g Schärdinger Käse, Paprika, Thymian, Rosmarin, Salz, Pfeffer
250 g Butterfett zum Herausbacken

BIERTEIG

125 ml Innviertler Bier, 100 g griffiges Mehl, 2 Eier, Salz

ZUBEREITUNG

Die Filets vorsichtig klopfen, würzen, mit Speck, Spinat und Käse belegen, zusammenklappen. Die Ränder gut andrücken, in Mehl wenden.
Bier, Mehl, Eier und Salz zu einem glatten Teig rühren. Die Filets durch den Bierteig ziehen. In der Pfanne langsam beidseitig goldgelb backen.
Zweimal durchschneiden und anrichten.

Dazu passen Salzkartoffeln, zum Beispiel aus dem Sauwald, und Blattsalat.

RINDERHUFTSTEAK MIT GESCHMORTEM GEMÜSE

Freizeitanlage Schlögen, Seite 40

ZUTATEN FÜR 4 PERSONEN

4 x 200 g Rinderhuftsteak, 4 Zucchinischeiben, 12 Cocktailtomaten, 4 mittelgroße Kartoffeln, Petersilie, Salz, Pfeffer

4 Bögen Alufolie

ZUBEREITUNG

Kartoffeln schälen und kochen.
Die Steaks anbraten, salzen und pfeffern. Den Backofen vorheizen: Ober- und Unterhitze 200 °C. Die Steaks in Folie einwickeln und im Backofen nachziehen lassen.
Zucchini und Cocktailtomaten in einer Pfanne anbraten und würzen.
Alles gemeinsam anrichten und mit Petersilie garnieren.

MAIBOCKSCHNITZEL IN KRÄUTERPANADE, SPARGEL-BÄRLAUCHSALAT UND PAPRIKAVINAIGRETTE

Hotel Donauschlinge, Seite 42

ZUTATEN FÜR 4 PERSONEN

MAIBOCKSCHNITZEL

600 g Rehfleisch vom Schlögl, 50 g Mehl, 4 Eier, 50 g Brösel, Kräuter nach Wahl, Salz, 500 ml Rapsöl zum Herausbacken

SPARGEL-BÄRLAUCHSALAT

500 g frischer Stangenspargel, 100 g frischer Bärlauch, 1 Kopfsalat, hartes Weißbrot, 125 ml Weißwein, Zucker, Salz

PAPRIKAVINAIGRETTE

2 Paprika, 1 Zwiebel, Balsamicoessig, Olivenöl, Zucker, Salz

ZUBEREITUNG

Für die Paprikavinaigrette Paprika und Zwiebel in kleine Würfel schneiden. 250 Milliliter Wasser, Essig, Öl, Salz und Zucker zu einer Vinaigrette verrühren.
Für den Spargel-Bärlauchsalat den Spargel schälen, Enden circa 1 Zentimeter abschneiden und in einem Sud aus 2 Litern Wasser, Salz, Zucker, Weißwein und dem Weißbrot circa 6 Minuten bissfest kochen. Aus dem Fond nehmen und in kaltem Wasser abschrecken.
Den Bärlauch putzen, waschen und grob schneiden, mit dem geputzten Häuplsalat und dem grob geschnittenen Spargel vermischen und die Vinaigrette darübergießen.
Für die Maibockschnitzel das Rehfleisch schön säubern, in kleine Schnitzel schneiden, die Brösel mit gehackten Kräutern vermischen. Das Rehfleisch leicht flachklopfen, salzen und nacheinander mit Mehl, verquirlten Eiern und den Kräuterbröseln panieren. In heißem Fett bei 170 °C circa 2 Minuten goldgelb backen und noch heiß auf dem Salat anrichten.

REZEPTE

3ERBERGJAUSE

Mosthof 3erBerg, Seite 44

ZUTATEN FÜR 4–6 PERSONEN

KRÄUTERTOPFEN

300 g Topfen (am besten Bauerntopfen), 2 EL Kräuter, gehackt, 100 g Sauerrahm, Kümmel, gemahlen, Salz, Pfeffer

LIPTAUER (MILD)

300 g Topfen, 1 EL Petersilie, gehackt, 1 Paprika oder je einen 1/2 roten, gelben, grünen Paprika, 1 mittelgroße Zwiebel, 100 g Sauerrahm, 1 gehäufter EL Paprikapulver, edelsüß, Kümmel, gemahlen, Salz, Pfeffer

KARTOFFELKÄSE

300 g gekochte kalte Kartoffeln, 180 g Sauerrahm, 1 mittelgroße Zwiebel, 1 EL Petersilie, gehackt, gemahlener Kümmel, Salz, Pfeffer

AUFSCHNITT

je 400 g Schweinsbraten, Surbraten, Speck, 4 Scheiben Bierkäse à 50 g, 100 g Jausenwurst, je 4 Essiggurkerl, Senfgurkerl und Pfefferoni, Senf und Kren zum Garnieren

ZUBEREITUNG

Topfen mit Kräutern, Kümmel, Salz und Pfeffer würzen, Sauerrahm nach Belieben und gewünschter Konsistenz zufügen.

Für den Liptauer Topfen mit Petersilie, fein würfelig geschnittenen Paprika und etwas fein gehackter Zwiebel vermengen, mit Kümmel, Salz, Pfeffer, Paprikapulver abschmecken, mit Sauerrahm in die gewünschte Konsistenz bringen (Profitipp: Etwas Tomatenmark bringt noch mehr Farbe in den Liptauer, wer es etwas würziger möchte, kann auch gehackte Chillischoten dazumischen. Vorsicht mit den Kernen, sehr scharf!)

Für den Kartoffelkäse die Kartoffeln pressen, mit Sauerrahm, gehackten Zwiebeln, Petersilie, Salz Pfeffer und Kümmel vermengen.

ANRICHTEN

Auf die Teller je einen Klecks Kräutertopfen, Liptauer und Kartoffelkäse geben, dazu gebratenen Schweinsbraten, Surbraten, Speck, Bierkäse, Jausenwurst, nett trapieren und nach Gusto mit Essiggurkerl, Senfgurkerl, Pfefferoni, Senf und Kren garnieren.

Dazu passt am besten frisches Bauernbrot.

MÜHLVIERTLER KNÖDELVARIATION

Gasthof Pension Ernst, Seite 48

ZUTATEN FÜR 5 PERSONEN

GEBACKENE SPECKKNÖDEL

250 g mehlige Kartoffeln, 60 g griffiges Mehl, 1 EL Grieß, 13 g Margarine, 1 Ei, etwas Muskat, gerieben, 1/2 TL Salz
800 g Speck, würfelig geschnitten

ÜBERGUSS

3 Eier, 125 ml Milch, 1/2 TL Salz

GEKOCHTE HASCHEE- UND GRAMMELKNÖDEL

500 g mehlige Kartoffeln, 100 g griffiges Mehl, 30 g Stärkemehl, 50 g Margarine, 1 Ei, etwas Muskat, gerieben, 1/2 TL Salz
300 g Haschee (Wurst und Fleischreste), 300 g Grammeln

RIESLING-WEINKRAUT

1 kg Sauerkraut, 50 g Speck, würfelig geschnitten, 1/2 große Zwiebel, 50 g Margarine, 2 EL Zucker, 250 ml Rindsuppe, 250 ml Riesling, 6 Wacholderbeeren, 2 Lorbeerblätter, 1 EL Salz

ZUBEREITUNG

Für die Speckknödel die gekochten und geschälten Kartoffeln durch die Kartoffelpresse drücken. Mit Mehl, Grieß, Margarine, Ei, Muskat und Salz zu einem Teig verkneten. Eine Rolle formen, kleine Stücke herunterschneiden und flachdrücken.
Aus den Speckwürfeln kleine Knödel formen und mit dem Kartoffelteig umhüllen, in eine gefettete Form setzen und bei 150 °C circa 1 Stunde hellbraun überbacken.
Aus dem Rohr nehmen und den verquirlten Überguss darüber verteilen. Dann nochmals bei 120 °C etwa 20 Minuten überbacken, bis der Überguss fest ist.
Für die Haschee- und Grammelknödel aus den Zutaten einen Kartoffelteig herstellen. Zubereitung der Knödel wie bei den Speckknödeln. (Dieser Teig eignet sich für alle Arten von gekochten Knödeln.)
Die fertig geformten Knödel in siedendes Salzwasser geben und circa 10 Minuten gar ziehen lassen.
Für das Riesling-Weinkraut die Zwiebel fein schneiden, mit den Speckwürfeln in Margarine anschwitzen. Den Zucker dazugeben und kurz durchrühren, mit der Rindsuppe und dem Riesling aufgießen.
Das gewaschene Kraut und die restlichen Gewürze (gequetschte Wacholderbeeren, Lorbeerblätter, Salz) dazugeben. Etwa 30 Minuten köcheln lassen und nochmals abschmecken.

ANRICHTEN

Das Sauerkraut auf einem Teller anrichten und die fertigen Knödel (von allen etwas) daraufgeben. Wenn vorhanden, mit etwas Bratensaft verfeinern. Schnittlauch oder Petersilie darüber streuen.

REZEPTE

RUMPSTEAK MIT ZWEIGELTSOSSE, EIERSCHWAMMERLN UND KARTOFFEL-STRUDEL

Hotel Restaurant Faustschlössl, Seite 56

ZUTATEN FÜR 4 PERSONEN

4 Rumpsteaks (österreichisches Premiumrind) à 200 g, Rapsöl zum Anbraten

BRAUNE GRUNDSOSSE

500 g Fleischabschnitte und Röhrenknochen, 2 Zwiebeln, 2 Karotten, 1/2 Stange Lauch, 1/4 Knolle Sellerie, 50–70 g Tomatenmark, 50 g Mehl, 2 EL Rapsöl, 500 ml Zweigelt (Rotwein)

ZWEIGELTSOSSE

1 l braune Grundsoße, 250 ml Zweigelt, Salz, Pfeffer

STRUDELTEIG

125 g Mehl, 1 EL Rapsöl, 1 Prise Salz, 25 g Butter zum Bestreichen

KARTOFFELFÜLLE

1–1,5 kg mehlige Kartoffel, 1 Zwiebel, 1 TL Majoran, 1 EL Petersilie, gehackt, 2 EL Sauerrahm, 2 Eier, Salz, Pfeffer

GERÖSTETE EIERSCHWAMMERL

300 g Eierschwammerl, 15 g Butter, Salz, Pfeffer

ZUBEREITUNG

Die Steaks in einer Pfanne mit Rapsöl beidseitig scharf anbraten, bei circa 110 °C 8 bis 10 Minuten in ein vorgeheiztes Backrohr geben.
Für die braune Grundsoße Rapsöl in einem großen Topf stark erhitzen, Fleischabschnitte und Röhrenknochen scharf anbraten, das grob gehackte Gemüse mitrösten, Tomatenmark dazugeben, Mehl beigeben, alles gut durchrühren, mit Zweigelt ablöschen und 1 bis 1,5 Liter Wasser auffüllen. 1 Stunde köcheln lassen, dann durch ein feines Sieb passieren.
Braune Grundsoße mit Zweigelt auf gewünschte Konsistenz einkochen lassen, mit Salz und Pfeffer abschmecken.
Für den Strudelteig Mehl, Salz, Rapsöl und 60 Milliliter lauwarmes Wasser mischen und gut durchkneten zu einen elastischen Teig. Den Teig zu einer Kugel formen, mit Öl bestreichen. Teig in Frischhaltefolie verpacken und bei Zimmertemperatur circa 2 Stunden rasten lassen.
Kartoffeln waschen, kochen und schälen. Etwas auskühlen lassen, grob reiben, mit Salz und Pfeffer, klein geschnittener Zwiebel, Majoran, Sauerrahm und frischer Petersilie würzen. Eigelb dazugeben, Eiklar zu Schnee schlagen, alles gut vermengen. Strudelteig auf einem bemehlten Tuch dünn ausrollen und anschließend mit dem Handrücken dünn ausziehen. Kartoffelmasse auf einem Drittel des Teiges verteilen und einrollen (durch Anheben des Tuches auf der gefüllten Seite). Mit zerlassener Butter bestreichen und bei 175 °C circa 30 Minuten backen.
Die Eierschwammerl putzen, mit Salz und Pfeffer würzen und mit etwas Butter in der Pfanne anrösten.

ANRICHTEN

Auf großen Tellern in der Mitte die Zweigeltsoße verteilen, darauf die Rumpsteaks setzen, Kartoffelstrudel und Eierschwammerl wahlweise links oder rechts platzieren und mit frischer Gartenkresse garnieren.

DONAUZANDERFILET GEBRATEN AUF SPARGEL-MOSTRISOTTO MIT BIRNENMOSTSOSSE

Landgasthof Pension Dieplinger, Seite 60

ZUTATEN FÜR 4 PERSONEN

SPARGEL-MOSTRISOTTO

4 Frühlingszwiebeln, 200 g Risottoreis, 1 EL Butter zum Anbraten, 60 ml Most (Grüne Pichlbirn), 250 ml Gemüsebrühe, Selleriesalz, 200 g weißer und grüner Spargel, 20 g Butter, 20 g geriebener Parmesan

ZANDERFILETS

4 Zanderfilets, etwas Zitronensaft, Selleriesalz, 1 EL Butterschmalz, Kräuter, Wildkräuter (Deko)

BIRNENMOSTSOSSE

250 ml Fischfond, 60 ml Mostreduktion, 50–80 g eiskalte Butter, 125 ml Obers, 60 ml Birnenmost (Grüne Pichlbirne)

MOSTREDUKTION

2 Schalotten, gehackt, 250 ml Gemüsebrühe, 500 ml Most, 1 Lorbeerblatt, 2 Wacholderbeeren, Thymianzweigerl, 3 angedrückte Pfeffer- und Pimentkörner

ZUBEREITUNG

Frühlingszwiebeln schneiden und in einem Topf mit Butter und Reis unter ständigem Rühren anschwitzen. Mit Most ablöschen und die Flüssigkeit einkochen, mit Brühe nach und nach aufgießen und immer rühren. Das Risotto in circa 20 Minuten bissfest kochen und dann salzen.
Den Spargel in gefällige Stücke schneiden und in einer Pfanne kurz anbraten. Am Ende der Garzeit des Risottos den Spargel, die Butter und den geriebenen Parmesan unterheben und kurz ziehen lassen.
Das Zanderfilet an der Hautseite einschneiden, mit Zitronensaft und Selleriesalz würzen und im Pfandl mit Butterschmalz glasig braten.
Für die Mostreduktion alle Zutaten miteinander aufkochen, langsam köchelnd bis auf ein Drittel der Flüssigkeit einreduzieren und dann abseihen.
Für die Birnenmostsoße Fischfond und Mostreduktion in einem Topf kurz vor dem Anrichten mit eiskalter Butter binden und mit geschlagenem Obers verfeinern. Zuletzt noch etwas Birnenmost unterrühren.
Das Spargel-Mostrisotto auf Tellern anrichten, das Zanderfilet darauf setzen und mit der Birnenmostsoße anrichten.
Die Kräuter als Dekoration auf dem Fisch drapieren.
Als korrespondierender Most wird grüner Pichlbirnmost empfohlen.

REZEPTE

GEMÜSEPALATSCHINKE MIT EINKORN-RISOTTO, REHRÜCKENFILET UND APFEL-KAROTTENSOSSE

Landgasthaus Lehnerwirt, Seite 62

ZUTATEN FÜR 4 PERSONEN

GEMÜSEPALATSCHINKE

150 g Vollkorndinkelmehl, 200 ml Milch, 2 Eier, Salz, weißer Pfeffer, aus der Mühle, ca. 40 ml Öl zum Herausbacken

350 g Bierrettich, 200 g Karotten, 100 g Braunschweigerkraut (zartes Weißkraut), 100 g Mangold, 4 cl Olivenöl, 4 EL Kräuter geschnitten (Petersilie, Salbei, Oregano), 1 TL Ingwer, frisch gerieben

EINKORNRISOTTO

40 ml Olivenöl, 50 g Schalotten, fein geschnitten, 150 g Einkornreis, 60 ml Weißwein, 500 ml Gemüsefond oder Rindsuppe, 80 ml Obers, geschlagen, Salz

APFEL-KAROTTENSOSSE

20 ml Öl, 1 Zwiebel, 200 g Karotten, 125 ml Apfelsaft, 200 ml Gemüsefond oder Rindsuppe, 1 Lorbeerblatt, Salz, Cayennepfeffer

REHRÜCKENFILET

300 g Rehrückenfilet, 1 EL frischer Thymian, 20 ml Olivenöl, schwarzer Pfeffer aus der Mühle, Salz

ZUBEREITUNG

Für die Apfel-Karottensoße das Öl in einen Topf geben, Zwiebel darin anschwitzen, die geschälten, kleingeschnittenen Karotten dazugeben und auch etwas anschwitzen. Mit Apfelsaft und Gemüsefond auffüllen und die Gewürze beifügen. Das ganze circa 15 Minuten zugedeckt köcheln lassen, das Lorbeerblatt herausnehmen und die Soße mit dem Mixstab pürieren.

Für den Palatschinkenteig Eier und Milch mit einem Schneebesen verrühren, das Mehl nach und nach dazugeben. Mit Salz und Pfeffer würzen. Etwa 10 Minuten rasten lassen. Danach in einer kleinen Pfanne 8 Palatschinken in heißem Öl beidseitig herausbacken.

Den Rettich und die Karotten schälen und in 1 x 1 x 5 Zentimeter große Stifte schneiden. Das Kraut von den äußeren Blättern befreien und etwa gleich groß schneiden wie das Wurzelgemüse. Den gesäuberten Mangold grob schneiden, circa 5 Zentimeter breit.

In einer Pfanne das Öl erhitzen, Karotten, Rettich und Kraut hineingeben und bei nicht allzu großer Hitze etwa 2 Minuten schmoren lassen. Den Mangold zum Schluss mit den Kräutern und dem Ingwer dazugeben und würzen. Alles mit einem Teil der Apfel-Karottensoße vermischen und in die 8 Palatschinken einrollen. Im Backrohr warmstellen.

Für das Einkornrisotto Olivenöl in einem Topf erhitzen, die fein geschnittenen Schalotten dazugeben, anschwitzen, den Reis hinzugeben und umrühren. Mit Weißwein ablöschen und mit dem Fond auffüllen. Den Einkornreis etwa 15 Minuten bei niedriger Hitze köcheln lassen, salzen. Vor dem Anrichten das geschlagene Obers unterheben.

Das Rehrückenfilet mit Thymian und Pfeffer würzen und bei etwa 180 °C grillen (mit Olivenöl auf dem Plattengriller oder in der Pfanne zubereiten). Nach 3 Minuten das Fleisch 4 Minuten rasten lassen und danach fertiggrillen.

ANRICHTEN

Das Risotto in der Mitte des Tellers platzieren, das Rehrückenfilet in 4 Teile schneiden und auf das Risotto setzen. Die Palatschinken in der Mitte durchschneiden und kreuzweise auf den Teller legen. Die Apfel-Karottensoße rundherum anrichten. Den Rest der Soße separat servieren. Mit frischen Kräutern garnieren.

ZANDERFILET AUF TOMATEN-KNOBLAUCH-KRÄUTERSOSSE MIT BUTTERKARTOFFELN

Donauparadies Gasthof Gierlinger, Seite 46

ZUTATEN FÜR 4 PERSONEN

500 g Zanderfilet ohne Gräten, etwas Mehl, 50 g Margarine, Salz

TOMATEN-KNOBLAUCH-KRÄUTERSOSSE

1 Tomate, 3–4 Knoblauchzehen, 20 g 8-Kräutermischung, Mehl nach Bedarf, Salz

BUTTERKARTOFFELN

500 g Kartoffeln, 50 g Butter

ZUBEREITUNG

Das Zanderfilet in Portionsgröße schneiden, mit Salz würzen und in Mehl tauchen. In einer Pfanne auf der Hautseite anbraten und durchziehen lassen.
Tomaten und Knoblauch fein würfelig schneiden und mit der 8-Kräutermischung vermengen.
Die Kartoffeln waschen, schälen und in Salzwasser kochen.
Zanderfilet auf das Teller legen, die Knoblauch-Tomaten-Kräutermischung in die Pfanne geben, mit Mehl bestauben und 125 Milliliter Wasser beifügen. Kurz durchkochen lassen, mit Salz würzen und auf das Zanderfilet geben.
Die gekochten Kartoffeln in einer Pfanne mit Butter durchschwenken und anrichten.

PENNE MELO MIT GRAND VERT

Nussböckgut, Seite 66

ZUTATEN FÜR 4 PERSONEN

350 g Penne, 250 g Grand Vert Grünspargel, Pinienkerne, Basilikum, Olivenöl, 1/4 Zuckermelone, Ruccola, Honigessig, Parmesan, Salz, Pfeffer

ZUBEREITUNG

Die Penne in Salzwasser al dente kochen. In der Zwischenzeit die Pinienkerne und Basilikum zu Pesto verarbeiten, mit Olivenöl, Salz und Pfeffer abschmecken.
Grand Vert schräg in circa 1 Zentimeter lange Stücke schneiden und in Olivenöl anbraten.
Zuckermelone in Stücke schneiden und Ruccola waschen.
Die gekochten Penne mit dem Pesto vermischen, die angebratenen Grand Vert Stücke und die Zuckermelone darunter heben, nach Bedarf würzen.
Zum Abschluss Ruccola darüber streuen, mit Honigessig besprühen und geriebenen Parmesan darüber streuen.

REZEPTE

KALBSKOPFECKEN AUF PFLÜCKSALAT MIT ORANGEN-JOGHURTDRESSING

Wia z'haus Lehner, Seite 76

ZUTATEN FÜR 10 PERSONEN

500 g Kalbskopfmasse mit Zunge, 5 Kalbsbackerl, 5 EL Weißweinessig, 70 ml Weißwein, 6 l Wasser, 1 Lorbeerblatt, 1/2 TL Pfefferkörner, 1/2 TL Pimentkörner, 1/2 TL Wacholderbeeren, 1/2 EL Koriandersamen, 2 Thymianzweige, 3 Knoblauchzehen, 50 g Ingwer, in Scheiben geschnitten, 5 Eier, 200 g Mehl, 200 g Brösel zum Panieren, Tafelöl zum Backen

MARINADE DES KALBSKOPFES

3 EL scharfer Senf, 3 EL Tafelkren, 6 EL Weißweinessig, 3 unbehandelte Zitronen, gewürfelt, 1/2 EL Kümmel, 1 TL Majoran, 1 TL Kardamom, gemahlen, Salz, Pfeffer

SALAT

500 g Vogerlsalat, 500 g Rucola, 500 ml Joghurt, 2 unbehandelte Orangen, Salz, Pfeffer

ZUBEREITUNG

6 Liter Wasser mit Weißweinessig und Weißwein aufkochen. Kalbskopf langsam (circa 3 1/2 Stunden) köcheln, dabei immer wieder den Schaum abschöpfen. Nach 1 Stunde die Kalbsbackerl beigeben und mitköcheln. Nach circa 2 1/2 Stunden Lorbeerblatt, Pfefferkörner, Piment, Wacholder und Koriander zugeben. 10 Minuten vor Ende der Kochzeit Thymian, Knoblauch und Ingwer mitziehen lassen. Jetzt den Kalbskopf und die Kalbsbackerl herausnehmen, kurz abkühlen lassen und in circa 1 Zentimeter große Würfel schneiden.

Die Würfel mit Salz, Pfeffer, Senf, Kren, Essig, Zitronenwürfel, Kümmel, Majoran und Kardamom gut mischen und marinieren. Die Masse in eine mit Folie ausgelegte Kastenform füllen und im Kühlschrank 12 Stunden kühlstellen. Den Kalbskopf aus der Form stürzen und in Ecken schneiden. Mit Mehl, Eiern und Brösel panieren und in einer Pfanne mit reichlich Öl goldbraun backen. Vogerlsalat und Rucola gut waschen. Das Joghurt mit dem Saft, dem Abrieb der Orangen, Salz und Pfeffer würzen und den Salat marinieren. Auf einem Teller mit den Kalbskopfecken darauf anrichten.

ZANDERFILET IM MANGALITZA-SPECK-MANTEL AUF KARTOFFELPÜREE

Gasthaus Lindbauer, Seite 72

ZUTATEN FÜR 4 PERSONEN

4 Zanderfilets à 170–200 g, 12–15 Scheiben Mangalitza-Speck, 3–4 EL Olivenöl, 3–4 nussgroße Stücke Butter, 3–4 EL diverse aromatische frische Kräuter, gehackt, 1 Knoblauchzehe, fein gehackt, 60 ml Weißwein, 60 ml Obers, Kräutersalz

KARTOFFELPÜREE

1 kg Kartoffeln, 150 ml Milch, 150 ml Obers, flüssig, 90 g Butter, Muskatnuss, Salz

ZUBEREITUNG

Zanderfilets in mehrere gleich große Stücke schneiden, in Mangalitza-Speck eindrehen, mit Kräutersalz würzen, in einer Pfanne mit Olivenöl und etwas Butter leicht braten. Den Fisch herauslegen, im Bratenrückstand kurz Kräuter andünsten, fein gehackten Knoblauch beigeben, mit Weißwein und ein bisschen Obers ablöschen und einreduzieren.

Für das Kartoffelpüree die Kartoffeln schälen, waschen, vierteln, in Salzwasser weichkochen. Während die Kartoffeln kochen, Milch, Obers, Butter aufkochen, mit Muskat und Salz würzen. Sobald die Kartoffeln weich sind, das Kochwasser abgießen, ausdampfen lassen und heiß durch eine Kartoffelpresse pressen. Die aufgekochte Milch-Obers-Mischung unter die Kartoffeln geben. Das fertige Püree nicht mehr aufkochen lassen.

Kartoffelpüree aufdressieren und das Zanderfilet auflegen, mit Soße und Kräutern garnieren.

APFELSCHLANGERL

Hametners Mostschänke, Seite 78

ZUTATEN FÜR 10 PERSONEN

TEIG

500 g Mehl, 250 ml Milch, 180 g Butter, 1 Ei, 1 Prise Salz

BELAG

2 kg Äpfel, geschält, 1 Prise Zimt, 50 g Zucker

etwas Butter, 1 Ei

Zubereitung

Alle Teigzutaten in einer Schüssel kurz verrühren und danach auf dem Nudelbrett kneten, bis man einen schönen, glatten Teig hat. Eine halbe Stunde rasten lassen. Den Teig in drei gleiche Teile schneiden und ausrollen. Die geschälten Äpfel feinblättrig schneiden und darauf verteilen, mit Zimt und Zucker bestreuen, zusammenschlagen und auf ein gefettetes Blech legen. Am Schluss die Apfelschlangerl mit dem verquirlten Ei bestreichen und 35 Minuten bei circa 160 °C backen.

BLICK ÜBER DEN STRUDENGAU

SCHLOSS PERSENBEUG

STRUDENGAU UND NIBELUNGENGAU

Zwischen einstigen Strudeln und den sagenhaften Nibelungen

Er war gefürchtet und galt in der Schifffahrt als eine der gefährlichsten Donaupassagen: der Strudengau. Zwischen dem fruchtbaren Machland im Westen, nicht weit von Oberösterreichs Hauptstadt Linz, und dem Nibelungengau im Osten erzeugten schroffe Felsen inmitten des Flusses ein tosendes Naturschauspiel, das zahlreichen Menschen das Leben kostete.

Kaiserin Maria Theresia ließ den Strudengau entschärfen und etliche Felsen entfernen, doch erst durch den Bau des Kraftwerks Ybbs-Persenbeug war die Gefahr schließlich gebannt. Heute ist zwischen den Staustufen Wallsee-Mitterkirchen im Machland und Ybbs-Persenbeug an der Grenze zum Nibelungengau ein Stausee von 34 Kilometern Länge entstanden.

Ortschaften wie Waldhausen im Strudengau oder der Kurort Bad Kreuzen mit seiner Burg lohnen einen Abstecher vom Donauufer ins Hinterland. Direkt an der Donau gelegen ist Grein mit dem weithin sichtbaren Schloss Greinburg, eine der Spielstätten der jährlichen Donaufestwochen, in denen sich Alte Musik und Moderne begegnen. Das älteste Stadttheater Österreichs, das noch immer bespielt wird, ist nur wenige Schritte entfernt auf dem Stadtplatz.

Östlich von Ybbs-Persenbeug beginnt der Nibelungengau, der bis Melk und damit zur nächsten Staustufe reicht. Hier haben sich durch den Kraftwerksbau einige schöne Strände und Freizeitanlagen am alten Donauarm gebildet, zum Beispiel in Luberegg mit dem längsten Natursandstrand an der Donau und in Weitenegg, dessen Ortsbild von einer Burgruine beherrscht wird.

Seinen Namen hat der Nibelungengau durch die Erwähnung des Markgrafs Rüdiger von Bechelaren im Nibelungenlied aus dem 13. Jahrhundert. Er soll im heutigen Pöchlarn gelebt haben und war dem Hunnenkönig Attila untertan. Pöchlarn war auch die Heimatstadt des hier 1886 geborenen expressionistischen Malers und Grafikers Oskar Kokoschka. In seinem Geburtshaus hat die Oskar Kokoschka Dokumentation zahlreiche seiner Werke öffentlich zugänglich gemacht.

Ein Museum, das Einblick in das Leben des in Sarajevo ermordeten Thronfolgers Franz Ferdinand und seiner Frau Sophie Herzogin von Hohenberg gibt, wurde im einstigen kaiserlichen Sommersitz der Habsburger, dem Schloss Artstetten, errichtet. Mit seinen Zwiebeltürmen bildet es ein beliebtes Fotomotiv. Westlich davon lohnt ein Abstecher zur Basilika Maria Taferl, die auf einem alten Kultplatz über der Donau liegt, an den noch ein Opferstein erinnert. Der Blick auf das Donautal ist beeindruckend und vor allem bei der jährlichen Sonnwendfeier sehr beliebt.

LUST AN EIGENEN KREATIONEN

Schmackhafte Hendlgerichte und originelle Erlebniszimmer

MACHLANDER MOSTSCHNITZERL
MIT PETERSILKARTOFFELN
Dieses Rezept finden Sie auf der Seite 114

„Die beste Wahl" ist das Motto des Machland Gasthofes in Ruprechtshofen bei Naarn, den Toni und Maria Wahl mit Lust am Gestalten aufgebaut haben. Berühmt ist Maria vor allem für ihre Brat- und Backhendl, Toni für seinen selbstgebrannten Obstler, der im Eichfass reift. Die regionalen Speisen locken Gäste von nah und fern an. Rind- und Schweinefleisch stammen direkt vom Bauern aus der Nachbarschaft und Gemüse wächst reichlich im fruchtbaren Machland. Neben einem Bauern aus Naarn steuert der Bio-Garten des eigenen Bauernhofs Zutaten für die Küche bei.

Der Machland Gasthof liegt in unmittelbarer Nähe zum Donauradweg und ist durch eine eigene Abfahrt in 800 Metern durch die idyllische Donauau erreichbar. Das 1675 erstmals urkundlich erwähnte Haus kam durch Tonis Urgroßeltern in Familienbesitz und wird seit 1990 vom Ehepaar Wahl mit viel Engagement geführt. Originell und gemütlich wie die Gaststube, das Stüberl und der Saal ist der Weinkeller mit seinem 300 Jahre alten Gewölbe. Beliebter Treffpunkt im Haus ist die große Bar, wo sich Stammgäste und Reisende gleichermaßen wohlfühlen.

Wer im Haus übernachten möchte, hat die Wahl zwischen kreativ gestalteten Erlebniszimmern mit klingenden Namen wie Hühnerstallzimmer, Leiterwagen-, Sonnenblumen- oder Turmzimmer, letzteres mit Wendeltreppe zum Kuscheleck. Am begehrtesten ist die Mostfassl-Suite mit urigem Mostkeller-Ambiente und einer Holzbadewanne.

Im Freien warten, neben dem Innenhof und der neuen Terrasse, der Garten mit Pool, Kinderspielplatz und Gartenhaus, wo mit den Stammgästen gerne gegrillt wird. Die eigenen Asphaltstockbahnen sind bei Firmenfeiern gefragt. Und bei den Winterwanderungen zeigt sich, dass das Machland während des ganzen Jahres seinen Reiz hat.

MACHLAND GASTHOF
Toni Wahl
Ruprechtshofen 6, A-4331 Naarn
Tel. 00 43 (0) 72 62 / 5 82 88
www.machlandgasthof.com

Drücken
IM
CAFE
ESTAURA
Schachne

NEUE AKZENTE IM BODENSTÄNDIGEN

Regionales und Saisonales aus dem Mühlviertler Machland

GESCHMORTE KALBSSCHULTER MIT GRIESSKNÖDELN UND ZUCKERSCHOTEN
Dieses Rezept finden Sie auf der Seite 115

Modernes und Traditionelles verbinden sich harmonisch in Schachners Machlandstuben. Cornelia Schachner bringt gemeinsam mit ihrem Bruder Hannes als Küchenchef seit 2009 frischen Wind in den Drei-Sterne-Gasthof auf dem Hauptplatz von Perg. Während die Großeltern neben der Landwirtschaft mit nur zwei Tischen starteten, erweiterten und modernisierten die Eltern das Haus.

Die Bodenständigkeit des Mühlviertels spiegelt sich in der Karte wider – Grammeln, Blunzn und Braten gehören zu den Fixstartern neben Saisonalem wie Bärlauch und Spargel und Ausgefallenerem wie Rinderfiletsteak Madagaskar und Spaghetti mit Räucherlachs und Trüffeln. Die verarbeiteten Produkte wie Fleisch, Fisch, Eier, Mehl und Gemüse stammen aus dem Ort und dem Machland.

Je nach persönlichem Geschmack finden die Gäste im Restaurant Schachner auch das passende Ambiente, um nach Herzenslust zu genießen. Ob im edlen Kaminstüberl oder am rustikalen Stammtisch in der Machlandstube, im italienischen Café bei hausgemachten Mehlspeisen oder bei einer Feier im Speisesaal, wo bis zu 50 Personen bei Hochzeiten, Taufen, Geburtstagsfeiern und Firmenfesten zusammenkommen. Hier wurde 1969 auch die Erhebung von Perg zur Stadtgemeinde gefeiert. Der teilweise überdachte Gastgarten mit seiner bunten Wandbemalung holt ein Stück Copa Cabana in den Innenhof, wo im Sommer einmal pro Woche der Holzkohlengrill angeheizt wird.

Hinter dem Haus ist Platz zum Parken, auch für die Zimmergäste, auf die ruhige und freundliche Komfortzimmer mit modernen Ledermöbeln warten. Jedes der neu gebauten oder renovierten Zimmer ist individuell gestaltet. Und wenn Feriengäste oder Geschäftsreisende länger bleiben, organisiert man gerne das Freizeitprogramm, vom Baden in der Naarn über Rudern auf der Donau bis zum Besuch der Sandsteinhöhlen.

GASTHOF SCHACHNER MACHLANDSTUBEN
Cornelia Schachner
Hauptplatz 14, A-4320 Perg
Tel. 00 43 (0) 72 62 / 5 23 39
www.restaurant-schachner.at

HAUSGEMACHTE MOSTE UND JAUSEN

Gastlichkeit zwischen Obstwiesen, Weiden und Straußenfarm

HAUSGEMACHTES BAUERNBROT
MIT ERDÄPFELKÄSE UND KRESSE
Dieses Rezept finden Sie auf der Seite 116

„Wir gehen zurück zum Altbewährten", sagt Andreas Langeder und meint seine Obstbäume, die völlig unbehandelt gedeihen. Aus den Früchten entsteht der Apfel- und Mischmost für Karlingbergers Mostheurigen sowie naturtrüber Apfelsaft. 2013 stellte der idyllisch gelegene Betrieb in Karlingberg bei Perg seinen Anbau und die gesamte Tierhaltung auf kontrolliert biologisch um.

Rund um den Vierkanthof tummeln sich Bioweidegänse und alte Rassen von Freilandschweinen wie etwa Mangalitzaschweine. Sie liefern hausgemachten Biospeck, Leberkäse, Bratl, Wurst, Salami und Sulz. Nicht zu vergessen die Straußenfarm, die Straußeneier produziert. An einer Eierspeise isst man zu fünft, und je nach Wohlbefinden legt ein Vogel Strauß 25 bis 50 Eier pro Jahr.

Im Haus wird Brot gebacken, zum Beispiel Bauern- und Vollkornbrot, das mit den anderen Produkten auf Märkten und im eigenen Hofladen angeboten wird. Für letzteren liefern Biobauern vorwiegend aus der Region. Im gemütlichen Ambiente des Mostheurigen wird von April bis November verkostet. Im Winter ist das Haus für besondere Anlässe wie Weihnachtsfeiern geöffnet.

Als Andreas Langeder mit 21 Jahren den Hof seiner Großmutter erbte, war dieser baufällig und ohne Strom. Mit viel Herz und Einsatz entstand daraus der Mostheurige. Der überdachte Innenhof bietet ein originelles Ambiente für Bälle, Hochzeiten und Firmenfeste, Kabarett und Volksmusik. Besonderen Wert legt der Wirt aufs Persönliche und den familiären Rahmen. „Man sollte Spaß an dem haben, was man macht, sonst geht das Prickeln verloren", sagt Andreas Langeder und wirkt entspannt als Gastgeber in seinen zünftigen Lederhosen, wenn er bei aller Arbeit auch noch Zeit zum Plaudern hat.

KARLINGBERGERS BIO-MOSTHEURIGER
Andreas Langeder
Karlingberg 3, A-4320 Perg
Tel. 00 43 (0) 72 62 / 5 77 63
www.mostheuriger-perg.at

Willkommen!

WIRTSHAUSKÜCHE VOM FEINSTEN

Hochzeitssuite und Mehrbettzimmer für alle Brieftaschen

„Unser Bauernbratl mit Knödeln im großen Reindl ist legendär. Da fallen alle in Ohnmacht", meint Doris Winter lachend. Die Chefin des Gasthofs Strudengau in Grein setzt auf regionale Wirtshausrezepte, deftige Hausmannskost und gutbürgerliche Küche, seit sie den Drei-Sterne-Gasthof übernommen hat. Das kommt bei den Gästen gut an. Die Liebe hat die gebürtige Wienerin vor 25 Jahren nach Grein verschlagen. Gemeinsam mit ihrem Mann Gerhard, einem gelernten Bootsbauer, verband sie Leidenschaft und Beruf.

Während der Winter in Grein beschaulich ist, zieht es in der warmen Zeit zahlreiche radfahrende Gäste, Wanderer, Motorradfahrer, Oldtimerfans und Familien in den Gasthof Strudengau. „In der Nähe gibt es zwei Traummotorradstrecken", weiß die Wirtin, selbst begeisterte Bikerin. Von der Terrasse des Gasthofs überblickt man Donau und Stadtplatz, während man sich stärkt. Die schmackhaften Küchenkräuter wachsen ein Stück weiter auf dem eigenen Kräuterbeet. „Unsere Gäste wissen Qualität zu schätzen", erzählt Doris Winter. Das zeigten ihr auch mehrere Umfragen.

Junge Köche laden in der Saison zum Schaukochen ein und für spezielle Feste gibt es besondere Karten, von Barbecue über Burger bis zu Wiener Schmankerl. Gesundheitsbewusste kommen bei hausgemachtem Vegetarischen auf ihre Kosten und am Frühstücksbuffet mit Müsli, Vollkornbrot und Obstsalat. „Das schlägt bei uns längst die Wurstplatte."

Die 22 Zimmer sind geräumig, zum Teil auch mit drei bis fünf Betten für preisbewusste Gruppen oder große Familien. Romantisch mit Himmelbett und großer Wanne ist die Hochzeitssuite im Tandlerhaus neben dem Gasthof. Über die Jahre wurde der Betrieb laufend erweitert. Im Keller bietet die Sauna Entspannung und auf Wunsch werden Wanderungen zu den Kraftplätzen organisiert. Alles, damit die Gäste sich wohlfühlen.

WIRTSHAUSBRATL

Dieses Rezept finden Sie auf der Seite 114

GASTHOF STRUDENGAU
Mag. Doris Winter
Kreuznerstraße 13, A-4360 Grein
Tel. 00 43 (0) 72 68 / 22 60
www.gasthof-strudengau.at

SCHÖRGI
Café – Konditorei
SCHÖRGI
orig. Strudengauer
Batzlguglhupf
Willkommen
in unserer
Café –
Konditorei!
Qualität aus
Meisterhand

GENUSS AM FLUSS FÜR ALLE SINNE

Konditorkunst und Eiskreationen auf der Donauterrasse

DONAUSTEIGERL
Dieses Rezept finden Sie auf der Seite 117

Von der Terrasse schweift der Blick über die Donau und Schiffsanlegestelle zur Fähre und zum Brandstetterkogel. Im Winter schützen Glaswände und ein mobiles Dach vor Wind und Wetter, ohne die Aussicht im Wintergarten einzuschränken. In der Café-Konditorei Schörgi in Grein freut sich das Auge über den weiten Horizont, während man den Gaumen verwöhnt.

„Als wir das Haus neu gebaut und das Lokal in den ersten Stock verlegt haben, meinten die Leute, es würde wie ein Tempel aussehen", erinnert sich Helmut Schörgi. Die Köstlichkeiten des Konditors bescherten ihm künftig die Bezeichnung „Tempel des Genusses". Gemeinsam mit seiner Frau Helga hat Helmut Schörgi das Haus in ein genussvolles Ambiente für alle Sinne verwandelt, was 2007 mit der Goldenen Kaffeebohne von Gault Millau belohnt wurde.

Die Mehlspeisen und Pralinen kreiert der Meister selbst, zum Beispiel die Apfel-Zimt-Torte oder die Barockpraline. Ebenso das Donau- und Wandersteigerl aus feinem Germteig zum Mitnehmen für die wandernden oder radfahrenden Gäste. Diese freuen sich außerdem über das Angebot an exquisiten Trockenfrüchten als Stärkung auf ihrer Reise.

Reife frische Früchte sind im Sommer das Geheimnis des beliebten Schörgi-Eises. Wachauer Marillen, Erdbeeren vom Machland, Waldviertler Heidelbeeren und die Speckbirnen aus dem Mostviertel, um nur einige zu nennen. Daraus entstehen Kreationen wie das Eis des Jahres, zum Beispiel Erdbeer-Trüffel-Eis. Live Radio kürte Schörgi zum besten Eissalon 2010.

Nachtschwärmer können den ganzen Tag über bei Schörgi frühstücken, hausgemachte Handsemmeln und Gebäck, Naturprodukte und kleine Imbisse genießen. Und zuweilen verwandelt sich die Konditorei in die Kultbar, wo abends Lesungen, Musik und Vernissagen stattfinden. „Man muss einfach flexibel sein", sagt Helmut Schörgi und beweist Ideenreichtum.

CAFÉ-KONDITOREI SCHÖRGI
Helmut und Helga Schörgi
Rathausgasse 2, A-4360 Grein
Tel. 00 43 (0) 72 68 / 3 50
www.schoergi.at

HAUSMANNSKOST ZUR STÄRKUNG

Ein guter Platz für Wandertouristen und Urlauber

SCHAUERS GRAMMELKNÖDEL
AUF SAUERKRAUTHAUFEN
Dieses Rezept finden Sie auf der Seite 118

„Waldhausen ist noch ein Geheimtipp", sagt Christoph Schauer. Doch dank des beliebter werdenden Wandertourismus wagen immer mehr Menschen den kleinen Abstecher von der Donau in den östlichsten Ort des Mühlviertels. Über 100 Kilometer Wanderwege, zum Beispiel die Ausblickrunde mit vielen traumhaften Aussichtspunkten, machen Waldhausen attraktiv. Als Basisstation und zur Stärkung hat der Gasthof Schauer einiges zu bieten.

Die Küche ist gutbürgerlich, g'schmackige Hausmannskost auf hohem Niveau, dafür sorgt die kreative Köchin Herta. Die verwendeten Produkte stammen zum Großteil aus der Region. Vegetarische Kreationen wie etwa Erdäpfelkasknödel und hausgemachte Dinkellaibchen bieten fleischlose Alternativen; und der süße Abschluss schmeckt ganz besonders. Hertas Prälatentorte, gewidmet dem im Haus geborenen Propst Laurentius Voss des früheren Stifts, ist auch als Hochzeitstorte beliebt.

Hochzeitspaare freuen sich über die gratis Hochzeitssuite „Orchidee" nach ihrer Feier im großen Saal. Sie und ein zweites der sechs Zimmer, alle nach Blumen benannt und in den passenden Farben gestaltet, sind sogar barrierefrei eingerichtet. Das zieht auch das ganze Jahr über Gäste mit besonderen Bedürfnissen an, die hier urlauben können.

Im Sommer ist der teilweise überdachte Gastgarten im Innenhof die Oase des Hauses und bietet Platz für etwa 70 Personen. Von dort führt eine Tür in den früheren Eiskeller der Fleischerei, die Großvater Schauer noch betrieben hat. Alte Werkzeuge und Bilder erinnern daran. Ein Museumsstück ist auch die Mostpresse aus dem Jahr 1912. Den Apfel- und Birnensaft presst der Junior Christoph Schauer auch heute noch selbst, so wie Opa Schauer es überliefert hat.

GASTHOF SCHAUER
Christoph Schauer
Markt 6, A-4391 Waldhausen
Tel. 00 43 (0) 72 60 / 42 27
www.gh-schauer.at

HONIGSÜSS UND BODENSTÄNDIG

Kulturelle Ausflüge mit kulinarischem Ausklang am Schlossberg

„Es ist schön, wenn so viel Vorarbeit geleistet ist und die Grundsteine gelegt sind", meint Gabriele Reutner, die mit ihrem Mann Karl den Gasthof Reutner am Schlossberg von Waldhausen leitet. Während die Großeltern sich noch mehr auf Fleischhauerei und Landwirtschaft konzentriert hatten, machten die Kochkünste der Mutter das Gasthaus bekannt. Urkundlich erwähnt wurde das Haus erstmals 1590 als Wirtshaus zur Wegscheid.

Heute zieht die nahe Stiftskirche vor allem Tagestouristen an, die nach Führungen, Konzerten oder einem Besuch beim Weihnachtsmarkt im Gasthof Reutner essen. Hinter dem Haus beginnt der Honigschleuderweg. Er führt vorbei an Schautafeln zum Thema Bienen und Honig, einer Imkerei, einem Teich und durch den Wald retour. Nicht weit davon entfernt wohnt der letzte Wachszieher Österreichs.

Inspiriert von den Bienen ist auch die Karte des Gasthofs Reutner, wo gern mit Honig gekocht wird. Zum Beispiel das Imkerpfandl oder die Honig-Mohn-Wutzerl, mit Honig verfeinerte Mohnnudeln. Die Zutaten stammen aus der Umgebung, die Kartoffeln aus dem Waldviertel. Den Gemüse- und Kräutergarten bewirtschaftet noch Mutter Margarete.

Saisonal und bodenständig sind die Gerichte, wochentags locken die günstigen Mittagsmenüs, am Wochenende das Bratl im Reindl, der traditionelle Schweinsbraten mit Krautsalat und Knödeln. Weithin beliebt und immer ausgebucht ist der jährliche Heringsschmaus mit Buffet aus kalten und warmen Fischgerichten.

Zum Verweilen laden im Sommer der Gastgarten vor dem Haus mit Kugelahornbäumen, der Wintergarten oder die gemütlichen Gasträume ein. Beim jährlichen Frühschoppen mit Livemusik werden im Innenhof Hendl gegrillt und hausgemachte Mehlspeisen serviert. Am nahen Nepomukteich finden die kleinsten Seefestspiele Österreichs statt und wer danach übernachten möchte, dem stehen drei Zimmer zur Wahl.

IMKERPFANDL
Dieses Rezept finden Sie auf der Seite 119

GASTHOF REUTNER
Gabriele Reutner
Schlossberg 11
A-4391 Waldhausen im Strudengau
Tel. 00 43 (0) 72 60 / 42 24
www.gasthof-reutner.at

KRAFTPLATZ MIT PANORAMABLICK

Genussvoll Wohlbefinden tanken und mit der Seele baumeln

„Bei klarer Sicht sehen wir von der Donau bis ins Voralpenland und zum Ötscher." Michaela Schachner zeigt den Blick von der Panoramaterrasse des Hotels Schachner in Maria Taferl nahe der Wachau. Gemeinsam mit ihrem Mann Ferdinand und Schwägerin Ursula Schartmüller führt sie das Vier-Sterne-Haus neben der Basilika auf dem Taferlberg in fünfter Generation. Der Kraftplatz Maria Taferl zieht seit Jahrhunderten die Menschen an. Schon vor der barocken Basilika stand auf dem Gipfel eine Eiche mit Kreuzbild, dem „Taferl".

Hochzeitsgesellschaften feiern gerne beim Schachner. „Die Ehepaare kommen oft zur Silber- und Goldhochzeit wieder", erzählt Michaela Schachner. In den Hotelrestaurants mit Panoramablick, Wintergarten und Kastanienterrassen lässt es sich genussvoll regional tafeln. Das Gourmet-Restaurant Smaragd darf seit 1995 stolz auf eine Gault-Millau-Haube sein, erstmals erkocht von Michaela Schachner als ehemaliger Küchenchefin.

Für das Wohlbefinden der Gäste sorgt auch der Wellness-Bereich mit Panorama-Hallenbad und Whirlpool auf dem Dach. Sauna, Bio-Kräutersauna und Dampfgrotte, Massagen, Ayurveda-Behandlungen, Beauty-Anwendungen und ein Wachau-Hamam bieten Entspannung für Körper, Geist und Seele. Im Sommer erholen sich die Gäste am Außenpool unter Nuss- und Apfelbäumen im 10 000 Quadratmeter großen Kaiserhof-Garten.

Auch die geschmackvollen, geräumigen Zimmer mit Balkon und großartigem Panorama laden zum Wohlfühlen ein. Kein Wunder, dass das Hotel Schachner für Kurzurlaube, Sommerfrische und Genussferien beliebt ist. Einen gelungenen Tag lassen die Gäste gerne in der Sky Lounge bei einem guten Glas ausklingen. Besonders romantisch wird es zur Nibelungengauer Sonnenwende, wenn die Johannisfeuer brennen und die beleuchteten Schiffe vorbeiziehen. Bilder, die lange in schöner Erinnerung bleiben.

SCHAFSKÄSEMOUSSE MIT CHILI-MARILLEN UND GRÜNEM SPARGEL

Dieses Rezept finden Sie auf der Seite 120

HOTEL SCHACHNER
Ferdinand Schachner GmbH
A-3672 Maria Taferl 24
Tel. 00 43 (0) 74 13 / 63 55
www.hotel-schachner.at

GASTFREUNDSCHAFT FÜR FAMILIEN

Der Lieblingsgastgarten Niederösterreichs liegt in Golling

GOLLINGERHOF PFANDL

Dieses Rezept finden Sie auf der Seite 119

„Bei uns ist es kein Problem, wenn Kinder herumsausen", sagt Gerhard Seiberl. Schon auf den ersten Blick ist erkennbar, dass das Gasthaus Gollingerhof ausgesprochen kinderfreundlich ist. Ein großes Spielzimmer und ein eigener Spielplatz im Gastgarten freuen die Kleinen und die Großen. Vielleicht war auch letzteres der Grund dafür, dass im Jahr 2010 über 11 000 Menschen beim Wettbewerb einer niederösterreichischen Zeitung den Garten des Gollingerhofs zum Lieblingsgastgarten des Bundeslands wählten.

Auf der Speisekarte ist die Auswahl für Kinder ebenfalls nicht zu verachten. „Vielleicht sind sie unsere Gäste von morgen", meint Gerhard Seiberl. Während er im Service die Fäden zieht, ist seine Frau die Küchenchefin. An ihre Heimat Vorarlberg, wo ihr Mann Gerhard auf Saison war und sie kennen und lieben lernte, erinnern noch die Käsespätzle. Der Schwerpunkt liegt auf Saisonalem: Fisch-, Spargel-, Wild-, Steak- und Schnitzelwochen kommen in der Umgebung gut an.

Mit den Bedürfnissen der Gruppen, die gerne in den Gollingerhof kommen, wächst der Saal des Gasthauses, in der Größe erweiterbar, mit. Bei Taufen, Geburtstagsfeiern und nach Begräbnissen auf dem nahegelegenen Friedhof, gewissermaßen von der Wiege bis zur Bahre, ist der Gollingerhof ein Familienlokal. Die Zutaten liefern großteils Bauern aus dem Waldviertel und der Wachau. „Zwischen Pöchlarn und Krummnussbaum, in unserer näheren Umgebung, gibt es so gut wie keine Bauern mehr", bedauert Gerhard Seiberl.

Die Kräuter wachsen im eigenen Garten und die Überschüsse der Freunde, von Äpfeln bis Tomaten, landen ebenfalls in der Küche. „Da weiß man wenigstens, dass alles frisch ist." Darüber freuen sich auch die Menschen in Golling und Pöchlarn, die von den Seiberls täglich „Essen auf Rädern" bekommen sowie jene, die ihren Partyservice genießen.

GASTHAUS GOLLINGERHOF
Gerhard und Michaela Seiberl
Hauptstraße 79, A-3381 Golling an der Erlauf
Tel. 00 43 (0) 27 57 / 23 71
www.gasthaus-gollingerhof.at

REZEPTE

MACHLANDER MOSTSCHNITZERL MIT PETERSILKARTOFFELN

Machland Gasthof, Seite 96

ZUTATEN FÜR 4 PERSONEN

MACHLANDER MOSTSCHNITZERL

4 Putenschnitzel, 2 Eier, 250 ml Most, 6 EL glattes Mehl, 8 dünne Scheiben Karreespeck, 4 dünne Scheiben Gouda, ca. 125 ml Pflanzenöl, 1 Apfel, Preiselbeermarmelade, Salz

PETERSILKARTOFFELN

500 g Kartoffeln 1 EL Butter, etwas Salz, 1 EL frisch geschnittene Petersilie

ZUBEREITUNG

Die Kartoffeln kochen.
Die Putenschnitzel gleichmäßig klopfen und leicht salzen.
Für den Mostteig die Eier mit dem Most und dem Mehl glattrühren und circa 15 Minuten ziehen lassen.
Die Schnitzel mit dem Speck und Käse füllen und zusammenschlagen (es ist keine Befestigung nötig, da der Mostteig das Schnitzerl gut einschließt).
Das Pflanzenöl erhitzen, die vorbereiteten Schnitzel beidseitig durch den Mostteig ziehen und ebenfalls auf beiden Seiten langsam braten. Abtropfen lassen und mit einer Scheibe vom Apfel und Preiselbeermarmelade garnieren.

Die Kartoffeln schälen, in der zerlassenen Butter schwenken, salzen und mit Petersilie bestreuen. Mit dem Mostschnitzerl servieren.

WIRTSHAUSBRATL

Gasthof Strudengau, Seite 102

ZUTATEN FÜR 10 PERSONEN

BRATL

2 kg Schopffleisch (Schweinekamm) mit Knochen, 500 ml Rindsuppe, 4 Karotten, 2 Gemüse-Zwiebeln, 1 Sellerie, 1 Knoblauch, Salz, Pfeffer

KRAUT

4 Krautköpfe, 250 g Speck, in Würfel geschnitten, Essig & Öl, Kümmel, Salz, Pfeffer

ERDÄPFELKNÖDEL

1 kg mehlige Erdäpfel, Kartoffelmehl nach Bedarf, event. Grammeln (je 4–6 Stk. als Fülle), 2 Eier, Muskatnuss, Salz

ZUBEREITUNG

Das Fleisch am besten schon am Vortag mit Knoblauch, Salz und Pfeffer einreiben und ziehen lassen. Bei circa 160 °C eine gute Stunde braten, dazwischen immer wieder mit Suppe aufgießen, nach der halben Bratzeit das in Würfel geschnittene Gemüse zugeben. Im Reindl servieren.
Das Kraut mit der Küchenmaschine oder dem Messer in feine Streifen schneiden. Speckwürfel in Fett knusprig braten. Großen Topf mit dem Kraut füllen, mit den Gewürzen einmal aufkochen lassen, dann den Speck einrühren. Lauwarm marinieren und servieren.
Die Erdäpfel kochen, noch warm schälen und passieren, mit Eiern und Gewürzen vermengen, Kartoffelmehl nach Bedarf (je nach Beschaffenheit der Kartoffeln) dazugeben. Knödel mit nassen Händen formen (eventuell mit Grammeln füllen), im siedenden Wasser ziehen lassen, bis sie schwimmen und sich drehen.

KALBSSCHULTER GESCHMORT MIT GRIESSKNÖDELN UND ZUCKERSCHOTEN

Gasthof Schachner Machlandstuben, Seite 98

ZUTATEN FÜR 4 PERSONEN

700 g Kalbsschulter mit Fettdeckel, 1 Karotte, 1 gelbe Rübe, 1/4 Sellerie, 1 Zwiebel, 2 EL Tomatenmark, 250 ml Rotwein, 1 l Geflügelfond, 10 g Kartoffelstärke, etwas Senf, etwas Öl, Thymian, Rosmarin, Salz, Pfeffer

GRIESSKNÖDEL

250 g Grieß, 100 g Butter, 500 ml Milch, 3 Eier, Muskatnuss, Salz

ZUCKERSCHOTEN

250 g Zuckerschoten, etwas Butter, Salz, Pfeffer

ZUBEREITUNG

Kalbsschulter mit Salz, Pfeffer, Thymian, Rosmarin und Senf einreiben. Karotte, gelbe Rübe, Sellerie und Zwiebel in circa 2 Zentimeter große Stücke schneiden. Etwas Öl in einem weiten Topf erhitzen und die Kalbsschulter auf beiden Seiten scharf anbraten. Wurzelwerk und Zwiebel beigeben und goldbraun rösten, Tomatenmark zugeben und ebenfalls kurz mitrösten, mit Rotwein ablöschen, 2 Minuten durchkochen und mit dem Fond aufgießen. Den Braten nun etwa. 2 1/2 Stunden zugedeckt bei 180 °C im Rohr schmoren, dabei öfters wenden.

Für die Grießknödel Milch, Butter und etwas Salz in einem Topf zum Kochen bringen, 200 Gramm Grieß einfließen lassen und unter ständigem Rühren kochen, bis sich die Masse vom Boden löst. Jetzt in die noch heiße Masse Eier und den restlichen Grieß mit einem Handmixer einrühren und mit Salz und Muskat abschmecken. Die Masse kurz erkalten lassen und kleine Knödel formen.

Sobald der Braten gar ist, diesen herausheben und das Wurzelwerk im Topf mit einem Stabmixer pürieren. Sollte die Soße zu dünn sein, nach Bedarf mit etwas Kartoffelstärke andicken. Anschließend nochmals kurz durchkochen und mit Salz und Pfeffer abschmecken.

Die Zuckerschoten gründlich waschen und mit einem kleinem Messer von dem dünnen Faden an der Stielseite befreien. Die Schoten kurz in leicht gesalzenem Wasser blanchieren und dann sofort in Eiswasser abschrecken, damit die Farbe erhalten bleibt.

Vor dem Anrichten die Knödel 10 Minuten in gesalzenem Wasser schwach köcheln lassen, das Fleisch in fingerdicke Tranchen schneiden und großzügig mit dem Bratensaft übergießen. Mit den Grießknödeln und den in Butter geschwenkten Zuckerschoten nach Belieben garnieren.

HAUSGEMACHTES BAUERNBROT MIT ERDÄPFELKÄSE UND KRESSE

Karlingbergers Bio-Mostheuriger, Seite 100

ZUTATEN FÜR 1 LAIB BROT / 4 PERSONEN

GRUNDTEIG

400 ml lauwarmes Wasser, 220 g Roggenvollkornmehl, 120 g Sauerteigansatz, 2 g frische Hefe, 1 TL Honig

MEHLMISCHUNG

600 g Roggenvollkornmehl, 150 g Weizenmehl oder Dinkelmehl (glattes Auszugsmehl)

GEWÜRZE

10 g Brotgewürz, 20 g Salz

Mehl zum Stauben

ERDÄPFELKÄSE

1 kg mehlige Biokartoffeln, 1 rote Zwiebel, 150 g Sauerrahm, Salz, Pfeffer, Kresse zum Bestreuen

ZUBEREITUNG

Die Zutaten für den Grundteig am Vorabend zusammenrühren, bei Zimmertemperatur über Nacht mit einem Tuch bedeckt stehen lassen.

Am nächsten Tag zum Grundteig die Mehlmischung und die Gewürze beimengen.

Die Masse circa 1 Minute kneten. Brotschwingerl mit Mehl bestauben, Masse hineingeben circa 25 Minuten rasten lassen, dann bei circa 280 °C Oberhitze und circa 250 °C Unterhitze im vorgeheizten Backrohr 1 Stunde goldknusprig backen.

Tipp: In die Masse ganze Walnüsse untermischen. Das Ergebnis ist ein leckeres abwechslungsreiches Bauernnussbrot!

Besonders lecker: Das frische noch warme Brot mit Erdäpfelkäse und frischer Kresse genießen!

Für den Erdäpfelkäse die Biokartoffeln im Salzwasser kochen, schälen und warm durch die Kartoffelpresse pressen. Mit Salz und Pfeffer abschmecken, fein gehackte rote Zwiebeln und Sauerrahm beifügen. Die Masse gut mischen und mit Kresse bestreuen.

Achtung: Der leckere Erdäpfelkäse ist nicht für längere Lagerung geeignet!

DONAUSTEIGERL

Café-Konditorei Schörgi, Seite 104

ZUTATEN FÜR 10 STÜCK

Teig

80 ml Milch, 240 g Weizenmehl, 40 g Hefe, 25 g Staubzucker, 40 g weiche Butter, 1 Dotter, 1 Ei zum Bestreichen

POWIDLFÜLLE

150 g Powidlmarmelade, 30 g Staubzucker, 100 ml Portwein, 1 Zweig Thymian, Zitronenschale, Vanillezucker, Zimt

Nussfülle

80 g Kristallzucker, 40 ml Wasser, 120 g geröstete geriebene Walnüsse, 3,5 g Biscuitbrösel, Rum nach Geschmack

ZUCKERGLASUR

150 g Staubzucker, Saft von einer 1/2 Zitrone

Pistazien zum Verzieren

ZUBEREITUNG

Für den Teig wird ein Dampfl (Vorteig) zubereitet. Dabei wird die Milch auf circa 35 °C erwärmt, die Hefe darin aufgelöst und mit 20 Gramm Mehl zu einem weichen Teig verrührt. Diesen lässt man zugedeckt 15 Minuten aufgehen. In der Zwischenzeit alle restlichen Zutaten für den Teig vorbereiten und mit dem Vorteig zu einem geschmeidigen Teig kneten, 10 Minuten gehen lassen, danach wieder zusammenschlagen. Diesen Vorgang mehrmals wiederholen. Dadurch wird der Hefeteig saftiger und feinporiger.

Für die Powidlfülle die Powidlmarmelade, Portwein, Thymian und Zucker auf 50 Milliliter einreduzieren, abseihen, mit den restlichen Zutaten verrühren und nach Belieben abschmecken.

Für die Nussfülle Wasser mit Zucker aufkochen, mit den restlichen Zutaten vermengen, kurz rösten und auskühlen lassen. Je nach Geschmack mit Rum verfeinern.

Den Teig in 10 Stücke teilen und in Rechtecke oder oval ausrollen. Darauf die Powidl- und Nussfülle dressieren. Teiglinge an den Rändern mit Ei bestreichen, zusammenklappen, 20 Zentimeter lang rollen und in Form bringen (S-Form). Mit Ei besteichen, auf ein Blech mit Papier setzen und 20 Minuten gehen lassen. Bei 190 °C circa 12 bis 15 Minuten backen, auskühlen lassen.

Für die Zuckerglasur Staubzucker mit dem Saft einer halben Zitrone erwärmen. Die Donausteigerl mit warmer Zuckerglasur glasieren und mit geknackten Pistazien verzieren.

REZEPTE

SCHAUERS GRAMMELKNÖDEL AUF SAUERKRAUTHAUFEN

Gasthof Schauer, Seite 106

ZUTATEN FÜR 4 PERSONEN

FÜLLUNG

400 g frische Grammeln, 1 große Zwiebel, fein gewürfelt, schwarzer Pfeffer, frisch gemahlen, Majoran,

KNÖDELTEIG

1 kg mehlige Kartoffeln, 1 Ei, 3 Dotter, 200 g glattes Weizenmehl, 200 g Kartoffelmehl, 1 Prise Salz

SAUERKRAUT

800 g Sauerkraut, 1 mittelgroße Zwiebel, fein geschnitten, 1 EL Schweineschmalz, 50 g Kristallzucker, 3 Lorbeerblätter, 4 Wacholderbeeren, 1 große Kartoffel, 100 g Hamburgerspeck, gewürfelt

ZUBEREITUNG

Für die Knödel die Grammeln (am besten handgeschnitten und selbst ausgelassen) mit Pfeffer, Majoran und den Zwiebelwürfeln gut vermischen, längliche Knödel formen (circa 50 Gramm) und tiefgefrieren.

In der Schale gekochte Kartoffeln schälen und noch heiß durch die Kartoffelpresse drücken. Mit den restliche Zutaten zu einem Teig verkneten, in gleichmäßige Stücke teilen und die gefrorenen Grammelknödel umhüllen. In kochendes Salzwasser einlegen und circa 20 Minuten sieden.

Für die Sauerkrauthaufen die feingeschnittene Zwiebel in Schweineschmalz hell anschwitzen, mit Zucker karamellisieren, mit circa 1/2 Liter Wasser ablöschen, kleingeschnittene Wacholderbeeren und Lorbeerblätter dazugeben, Sauerkraut (am besten aus der Region) untermengen und circa 20 Minuten dünsten. Eine rohe geschälte Kartoffel fein raspeln, unter das Sauerkraut mischen und noch 5 Minuten weiterkochen. Zum Verfeinern geröstete Speckkrusteln untermischen.

Hertas Geheimtipp: Für das Garen der Knödel circa 30 Gramm Kartoffelmehl mit kaltem Wasser anrühren und dem Kochwasser beifügen. Das verhindert das Aufplatzen der Knödel und sie bekommen einen schönen Glanz.

IMKERPFANDL

Gasthof Reutner, Seite 108

ZUTATEN FÜR 1 PERSON

150 g Putenfleisch, 1 EL Butter, 1 EL Öl, Paprika, in Streifen geschnitten, 125 ml Rindsuppe, 60 ml Obers, 1 EL Honig, frischen Thymian, frischer Rosmarin, Salz, Pfeffer

ZUBEREITUNG

Butter und Öl in der Pfanne erhitzen, aufschäumen. Das Fleisch in breite Streifen schneiden, salzen, pfeffern (aus der Mühle), anbraten und etwas Farbe nehmen lassen. Nach Geschmack bunte Paprikastreifen dazugeben und etwas mitbraten, mit der Brühe aufgießen, einkochen lassen. Mit Obers, Honig, Kräutern (nach Geschmack) abschmecken.

Das Gericht sollte eine sämige Konsistenz haben.

ANRICHTEN

Serviert wird das Imkerpfandl auf Tagliatelle und mit ein paar frischen Thymianzweigen garniert.

GOLLINGERHOF PFANDL

Gasthaus Gollingerhof, Seite 112

ZUTATEN FÜR 4 PERSONEN

SCHWEINSLUNGENBRATEN

700 g Medaillons vom Schweinslungenbraten (Filet), 50 g Mehl, 5 EL Öl, Gewürzmischung aus Salz, Pfeffer, gemahlenem Kümmel, Paprikapulver, Thymian, Majoran

KNOBLAUCH-KRÄUTERSOSSE

350 ml Gemüsefond, 350 ml Schlagobers, 150 g Zwiebeln, 5 Knoblauchzehen, 5 EL Öl, 100 g Mehl, Dill, Schnittlauch, Petersilie, Liebstöckl, Salz, Pfeffer

BEILAGEN

250 g Bandnudeln, 500 g Broccoli

ZUBEREITUNG

Für die Knoblauch-Kräutersoße Zwiebeln und Knoblauch fein hacken und in etwas Öl glasig anschwitzen. Mit etwas Mehl stauben und mit dem Gemüsefond, in dem auch der Broccoli gekocht wurde, aufgießen. Gewürze, gehackte Kräuter und Schlagobers beigeben und circa 15 Minuten leicht köcheln lassen.

Schweinslungenbraten in gleich große Stücke schneiden und mit der selbstgemachten Gewürzmischung würzen. Medaillons in Mehl wenden und in etwas Öl zartrosa braten.

ANRICHTEN

Die Schweinsmedaillons in die Kräutersoße legen, gekochte Bandnudeln und Broccoliröschen als Beilage in die vorgewärmte Pfanne oder auf den Teller geben.

REZEPTE

SCHAFSKÄSEMOUSSE MIT CHILI-MARILLEN UND GRÜNEM SPARGEL

Hotel Schachner, Seite 110

ZUTATEN FÜR 12 PERSONEN

MOUSSE

750 g Schafskäse, 250 ml Sauerrahm, 3 Blatt Gelatine, 750 ml Obers, halb geschlagen, Salz, Pfeffer, Knoblauch

CHILI-MARILLEN

500 g Marillenhälften, 250 g Zucker, 4 Chilischoten, 20 ml Wachauer Marillenschnaps

SPARGEL

24 Stangen grüner Spargel

ZUBEREITUNG

Den Schafskäse mit dem Sauerrahm aufmixen. Gelatine in kaltem Wasser einweichen und auflösen, unter die Schafskäse-Sauerrahm-Masse rühren, mit Salz, Pfeffer, Knoblauch würzen und das halb steif geschlagene Obers unterheben.

Für die Chili-Marillen einen 1/2 Liter Wasser mit Zucker aufkochen. Chilischoten halbieren und entkernen (mit Handschuhen). Halbe Schote am Boden eines 250-Milliliter-Rexglases einlegen. Marillenhälften im Rexglas darüberschichten. Mit Zuckerwasser übergießen. Vor dem Verschließen mit Wachauer Marillenschnaps flambieren. Danach verschließen und 22 Minuten bei 100 °C im Einkochautomat kochen. Gläser zum Auskühlen auf den Kopf stellen.

Den Spargel in Salzwasser bissfest kochen und im Eiswasser abschrecken. Kurz vor dem Anrichten in warmer zerlassener brauner Butter schwenken und abkühlen lassen, bis er lauwarm ist.

Aus dem Mousse mit einem heißem Löffel Nockerl ausstechen, mit Marillenhälften und Frühlingssalat oder Sommerkräutersalat sowie dem marinierten grünen Spargel anrichten.

WEISSENKIRCHEN

DÜRNSTEIN

DIE WACHAU

Ein Magnet für Weltreisende

Man nennt sie die Goldene Wachau und wenn sich im Herbst die Blätter der Weinstöcke auf den Steinterrassen goldgelb färben, wird der Ursprung dieser Bezeichnung klar. Golden ist auch das Licht der Sonne, die sich in der Donau spiegelt und goldene Zeiten kann wohl jeder Mensch, der mit offenem Herzen durch diese Landschaft geht, hier erleben.

Die Wachau, der 30 Kilometer lange Landstrich an der Donau zwischen Melk und Krems, wurde von der UNESCO im Jahr 2000 zum Weltkulturerbe erklärt. Malerische Ortschaften mit mittelalterlichen Häusern, engen Gassen und romantischen Plätzen laden zu Entdeckungsreisen ein. Spitz, Weißenkirchen und Dürnstein am nördlichen Ufer zählen zu den Höhepunkten jeder Wachaureise.

Die Ruine Hinterhaus, eine ehemalige Wehrburg aus dem 12. Jahrhundert, die über Spitz thront, ist einen Besuch wert. Ebenso das Rote Tor, ein ehemaliges Spitzer Stadttor, das Schloss Niederhaus und die spätgotische Pfarrkirche. Das Tor zum Waldviertel ist der Spitzer Graben, der Wandernden die reizvolle Landschaft oberhalb der Wachau erschließt, fernab von Touristenströmen.

Auch durch die ansteigenden Gassen Weißenkirchens zu flanieren, das durch seine gotische Wehrkirche aus dem 14. Jahrhundert weithin sichtbar ist, bietet Ein- und Ausblicke an jeder Ecke zwischen schönen Lesehöfen und Bürgerhäusern. Zum Gemeindegebiet zählen die benachbarten Orte St. Michael, Joching und Wösendorf.

Dürnstein, eine der Perlen der Wachau, lädt mit seinen weitgehend autofreien Gassen zum entspannten Bummeln ein. Der donaublaue Turm der Stiftskirche ist eines der Wahrzeichen der Gemeinde, zu der auch die Orte Ober- und Unterloiben gehören. Der Blick von der Ruine zählt zu den schönsten der Umgebung. Audiostationen auf dem Weg erzählen von Richard Löwenherz, der im 12. Jahrhundert auf der Burg gefangen war, und seiner Zeit.

Die frühesten Bezeichnungen für die Wachau im Jahr 823 lauteten Wachowa, Wachowia oder Wochaw und bezeichneten das Gebiet vom Mieslingtal bei Spitz bis zum Watstein vor Dürnstein. Im Mittelalter wurde die Wachau von den Kuenringern beherrscht, die Herren

der Burgen von Dürnstein und Aggstein, die sich eine Zeitlang als Raubritter einen zweifelhaften Namen machten.

Das älteste Zeugnis einer frühen Besiedelung ist die Venus von Willendorf, eine elf Zentimeter große Kalksteinfigur, datiert auf die jüngere Altsteinzeit, etwa 25 000 vor Christus. Das Original ist im Naturhistorischen Museum in Wien zu sehen, eine Nachbildung der üppigen Frauenstatuette zeigt das Venusium Willendorf.

Rund 500 Jahre lang siedelten die Römer an der Donau, die im Norden die Grenze ihres Reiches bildete und durch Kastelle und Wachttürme gut gesichert war. Auf dem ruhigeren Südufer in der Wachau sind die besterhaltenen österreichischen Kastellreste beim Römermuseum in Mautern und Teile der alten Römerstraße im Dunkelsteinerwald zu sehen. Die Römer bereiteten neben den Kelten den Boden für den Weinbau in der Wachau. Heute haben die Wachauer Rieslinge und der Grüne Veltliner Weltruhm erlangt und zählen zu den prämierten Spitzenweinen.

Zahlreiche Winzer haben sich zur Vinea Wachau zusammengeschlossen und halten sich an einen Ehrencodex, der sie verpflichtet, ausschließlich Trauben aus der Wachau zu keltern und auf jede Aromatisierung und Anreicherung mit Zucker zu verzichten. Die trockenen Weine sind, je nach Alkoholgehalt, in den Qualitätsstufen Steinfeder, Federspiel und Smaragd erhältlich, benannt nach dem Steinfedergras, den Federn des Falken und der Smaragdeidechse in den Weingärten.

Verkostet werden die guten Tropfen in den Verkostungsräumen der Winzer oder bei ihrem Heurigen – dem Buschenschank – gekennzeichnet durch einen Buschen aus Föhrenzweigen. Wenn auf diese Weise „ausg'steckt" ist, wartet auch eine zünftige Jause als Unterlage für den Wein und manches Schmankerl. Das Qualitätssiegel Best of Wachau kennzeichnet die besten Weingüter, Wirtshäuser, Restaurants, Cafés und Bäckereien sowie Hotels, Vermietungen von Privatzimmern und Urlaub am Bauernhof.

Für Genussreisen ist die Wachau ein Schlaraffenland, das neben dem Wein Köstlichkeiten wie die saftige Wachauer Marille, den aromatischen Wachauer Safran, das knusprige Wachauer Laberl und edle Donaufische zu bieten hat. Feinschmecker haben die Wahl zwischen zahlreichen Angeboten wie Gourmetfestival, Wachauer Weinfrühling, Marillenkirtag und Weinherbst. Ein Höhepunkt der Saison ist die Zeit um die Sommersonnenwende mit Feuerwerken, beleuchteten Schiffen, Sonnwendfeuern und Tausenden Kerzen bei der Lichterschwemme.

Die Wachau hat zu allen Jahreszeiten etwas zu bieten, wenngleich die Zeit zwischen Ostern und Allerheiligen die meisten Touristen aus aller Welt anlockt, die Kulturgenuss und Gaumenfreuden häufig mit sportlichen Aktivitäten wie Wandern und Radfahren verbinden. Der Wachauer Advent mit seinen Weihnachtsmärkten im historischen Ambiente hat gleichfalls seinen Reiz und die winterliche Landschaft mit ihrer besonderen Ruhe wartet noch auf Entdeckungsreisende.

BLICK AUF AGGSTEIN

Austria

DIE KÖNIGINNEN DER SCHIFFFAHRT

Genuss für alle Sinne an Bord zweier gekrönter Schiffe

WACHAUER WOK
Dieses Rezept finden Sie auf der Seite 173

Majestätisch gleitet die MS Austria über die Donau – stilvoll dekoriert mit einer goldenen Krone, wie es sich gehört für die Königin der Passagierschiffe. Mit edler Ausstattung und kulinarischen Genüssen setzt die Brandner Schiffahrt seit 1995 neue Qualitätsmaßstäbe in der Personenschifffahrt. Ob Linienschifffahrt oder Charterfahrten mit der kleinen Schwester ms austria princess, die romantische Wachau aus der Donauperspektive zu erleben, bleibt unvergesslich.

Hinter den beiden Schwesternschiffen stehen auch zwei leibliche Schwestern: Mag. Barbara Brandner-Mosser, die mit ihrem Mann Dipl.-Ing. Wolfram Mosser die Brandner Schiffahrt GmbH führt, und Mag. Birgit Brandner-Wallner, die mit der Donau Schiffsstationen GmbH zahlreiche moderne Schiffsanlegestellen zwischen Linz und Budapest betreibt. Die Geschichte des Schifffahrtsunternehmens Brandner reicht bis ins Jahr 1776 zurück, als das Holz noch in Form von Flößen bis Budapest gebracht wurde. Später folgten Fracht- und Tankschiffe sowie der Wasserbau.

„Wir waren bereits als Kinder mit unserem Vater am Ruder der Tankschiffe gerne unterwegs", erinnert sich Barbara Brandner-Mosser. Heute kann die Perspektive des Kapitäns und sogar das Radarbild in den Salons der MS Austria mitverfolgt werden, während die Landschaft zwischen Melk und Krems vorbeigleitet. Große Panoramafenster, gepflegtes Interieur und Lounge-Atmosphäre auf dem Sonnendeck sorgen für Komfort. Bei Themenfahrten lässt sich auch Kultur an Bord genießen.

Für Genuss.am.Fluss mit Frühstück, 3-Gang-Menü oder Weinverkostung sowie täglich frische Speisen à la carte sorgt das Bordrestaurant. Saisonale Schwerpunkte sind zum Beispiel Marillenspezialitäten im Sommer. Für besondere Anlässe werden auch Buffets oder spezielle Menüs kreiert, die Gaumenfreuden als Ergänzung zum Erlebnis Donauschifffahrt garantieren.

BRANDNER SCHIFFAHRT GMBH
Mag. Brandner-Mosser, Dipl.-Ing. Wolfram Mosser
Ufer 15, A-3313 Wallsee
Tel. 00 43 (0) 74 33 / 25 90 21
www.brandner.at

PREIß
GELBER
MUSKATELLER

OASE MIT BLICK AUF STIFT MELK

Traditionelle Wirtshausküche und kreatives Ausgefallenes

Ihr „verlängertes Wohnzimmer" nennen Wirt Martin Funder und Küchenchef Gerhard Hackl ihre kulinarische Insel mit imposantem Blick auf Stift Melk. Ein Ausflug zu ihnen ins Felsengartl von Emmersdorf ist wie Besuch bei Freunden. „Wir überraschen immer wieder gern unsere Gäste und gehen auf ihre persönlichen Wünsche ein." Seien es Raritäten wie die Gams und der Huchen auf Bestellung oder vegetarische Angebote, die nicht auf der Karte stehen.

In der Küche legt Gerhard Hackl Wert auf unbehandelte Zutaten aus der Umgebung. „Ein Kartoffelbauer aus Pöchlarn baut uns eine spezielle Sorte an, die Hühner und Lämmer werden auf dem Hof geschlachtet und der Fisch oder die Wildempfehlung des Tages hängt davon ab, was der Fischer und der Jäger uns vorbeibringen."

Von traditionellen Kleinigkeiten wie Würstel mit Gulaschsaft bis zu Delikatessen wie gebratene Gänseleber reicht die Palette. Hauptsache ist, alles wird frisch zubereitet, vom Fond bis zur Pasta – und ohne Geschmacksverstärker. Sogar glutenfreies Gebäck wird frisch aufgebacken. „Bei uns können auch allergische Menschen problemlos essen", sagt der Küchenchef.

Angeboten werden außerdem Weinraritäten aus der Region, die sonst nur in Luxusrestaurants zu finden sind. Bewusst knapp kalkuliert, um die guten Tropfen erschwinglich zu halten. Sowohl auf der Karte als auch im saisonal dekorierten Lokal und dem selbst gepflegten Garten spürt man die Liebe und den Esprit, den Martin Funder und Gerhard Hackl ins Felsengartl bringen. Klein und fein soll das Restaurant sein, gemütlich und zum Wohlfühlen. Bei dem beschränkten Platzangebot sind Reservierungen zu empfehlen. „Wir haben unser Hobby zum Beruf gemacht", freuen sich die beiden „an der Donau Gestrandeten".

RÜCKEN VOM MAIBOCK, ERDÄPFEL-BÄRLAUCHPALATSCHINKEN UND SPARGEL

Dieses Rezept finden Sie auf der Seite 172

S'FELSENGARTL
Martin Funder
Donaustraße 1, A-3644 Emmersdorf
Tel. 00 43 (0) 27 52 / 7 17 49
www.felsengartl.at

ERLEBNIS WACHAU MIT DONAUBLICK

Kultur- und Aktivurlaub oder unvergessliche Seminare

„Ich kann Ihnen gerne eine Wachau-Tour zu unentdeckten Plätzen organisieren", sagt Eveline Pichler ins Telefon. Die Chefin des Donauhofs in Emmersdorf ist mehr als Gastronomin. Für ihre Gäste – Wachaubegeisterte und Seminargruppen – macht sie sich Gedanken über das passende Freizeitprogramm. Bereits 25 Jahre sind vergangen, seit Eveline Pichler und ihr Mann Josef den Bau des ersten Vier-Sterne-Hotels im Raum Melk starteten. „Eine Woche nach unserer Hochzeit haben wir damit begonnen, mit viel Herzblut und wenig Erfahrung." Letzteres hat sich verändert und die Gäste des Hauses mit seinen 32 Doppelzimmern schätzen die Vielfalt des Angebots.

50 Fahrräder, 15 E-Bikes und 2 Segways samt Elektrotankstelle stehen zur Verfügung und in jedem Zimmer wartet ein Rucksack auf die Wanderbegeisterten des Wachauer Welterbesteigs. Bei Sonnenschein lässt sich der unverbaute Donaublick im zeltüberdachten Garten genießen, mit Köstlichkeiten von Chefkoch Johannes Bendinger. Das Wild wird von Josef Pichler und Sohn Franz-Josef selbst gejagt, Saibling und Karpfen kommen aus dem Waldviertel und die Mehlspeisen sind hausgemacht. Den Wachauer Schichtstrudel mit Topfen-, Apfel- und Mohnfülle muss man einfach gekostet haben. Nicht zu vergessen die Spezialitäten aus den Wachauer Marillen. In der Saison werden jährlich rund 3000 bis 4000 Marillenknödel im Haus gemacht.

In der Vinothek im Keller lagern die besten Tropfen der Wachauer Paradewinzer. Gruppen können sie verkosten, beim Heurigen der Familie im nahen Schloss Luberegg stehen sie auf der Karte. Der Haferkasten, ehemals Getreidespeicher der 1780 erbauten Sommerresidenz von Kaiser Franz II., bietet ein uriges Ambiente und Wachauer Schmankerl. Das Schloss, ebenfalls im Besitz der Familie Pichler, wird restauriert und möglicherweise zum nächsten Projekt, einem Wellness-Hotel.

WACHAUER SCHICHTSTRUDEL

Dieses Rezept finden Sie auf der Seite 174

HOTEL RESTAURANT DONAUHOF
Familie Pichler
Emmersdorf 40, A-3644 Emmersdorf
Tel. 00 43 (0) 27 52 / 7 17 77
www.donauhof.com

EIN PARADIES FÜR ALLE SINNE

Der barocke Garten des Stifts Melk lädt zum Innehalten ein

Weithin sichtbar ragt das Stift Melk auf seinem Felsen aus der Donau und markiert den Beginn der Wachau. Rund 500 000 Menschen besuchen jährlich das Benediktinerstift, 200 000 entdecken auch die barocke Parkanlage, die seit fast 20 Jahren revitalisiert wird. Eine Oase zum Nachwirkenlassen und zur spirituellen Vertiefung, die sich über mehr als 4 000 Quadratmeter ausdehnt, mit dem Paradiesgarten als ihrem Herzstück.

„Die gesamte verbaute Fläche des Stifts spiegelt sich in der Außenanlage wider", erzählt Pater Martin Rotheneder, Leiter der Bereiche Kultur und Tourismus des Stifts sowie Hüter der Parkanlage. „Nach dem 2. Weltkrieg konnte der Park aus finanziellen Gründen nicht mehr gepflegt werden und war ein Urwald, als wir 1996, nach der Renovierung des Stifts, mit seiner Revitalisierung begonnen haben."

Mit viel Naturverbundenheit und unterstützt von Landschaftsarchitekt Alfred Benesch, Paradiesgärtnerin Andrea Edelbacher, sieben Gärtnern und Helfern hat sich Pater Martin dieser Aufgabe verschrieben. Mittlerweile sind die Arbeiten an der Gartenanlage, die sich über drei Etagen erstreckt und im 18. Jahrhundert von den Mönchen händisch angelegt wurde, beinahe abgeschlossen.

Viel Liebe zum Detail ist auch im Paradiesgarten sichtbar, der nach der ersten Schrift über den Gartenbau in Mitteleuropa, „De cultura hortorum" des Benediktinermönchs Walahfrid Strabo aus dem 9. Jahrhundert, kultiviert wird. Auf 22 Beeten mit einem Brunnen im Zentrum gedeiht das ganze Jahr über Heilendes, Duftendes, Blühendes und Genießbares. „Je Beet sind eine Hauptpflanze – von der Brennessel über den Flaschenkürbis und die Schwertlilie bis zur Rose – und zehn Nebenpflanzen zu finden. Der Kerbel gedeiht sogar im Winter unter dem Schnee", freut sich Pater Martin.

Walahfrid Strabo schrieb in poetischer Form über die Wirkung der Kräuter und anderer Pflanzen, ihre unterstützenden Nachbarn und den Wert der Gartenarbeit. Andrea Edelbacher legte getreu seiner Überlieferung den Paradiesgarten an und pflegt ihn mit viel Hingabe. Unterhalb der Beete ragt eine riesige Palme in den Himmel. „Sie muss vor und nach dem

9
Liebstöckel
[...] doch mischt man ihre kleinen Semenkörner oft anderen gesammelten Heilkräutern bei, so dass sie Ruhm durch fremdes Verdienst gewinnen [...]
[...] semina saepe tamen quaesitis addere curis / parva solet, famamque aliena laude mereri [...]
Borretsch
Origanum
Santolina viridis
Origanum

Winter immer mit einem Kran bewegt werden", erzählt Pater Martin. Auf einem metallenen Spruchband ist der Segenswunsch von Walahfrid Strabo zu lesen: „Gott möge dich in ewiger Tugend grünen und die Palme unverwelklichen Lebens gewinnen lassen. Dies gewähre dir der Vater, dies der Sohn und dies der Geist voller Gnade."

Lässt man den Blick vom Paradiesgarten zu der Kuppel des Stifts schweifen, sieht man die Ausrichtung des Spruchbands auf die Stiftskirche. In ihrem Inneren, wo seit 1 000 Jahren der heilige Koloman, erster Landespatron Österreichs, begraben liegt, ist über seinem Sarg der Ausspruch „Der Gerechte möge gedeihen wie die Palme" zu lesen. „Wie innen so außen", weist Pater Martin auf die nächste Spiegelung zwischen Stift und Garten hin.

Den Weg nach außen finden auch die Kräuter des Paradiesgartens. In Gut Aich, einem Benediktinerkloster am Wolfgangsee, werden die frischen Kräuter zu zwei Likören verarbeitet: zu Abt Georgs Magensonne mit Honig und goldenem Etikett sowie dem herberen Melker Kräuterlikör mit seinem silbernen Etikett. Hergestellt werden die Liköre nach alten Rezepturen aus den Klosterarchiven, die Pater Martin Rotheneder aus Stift Melk und Pater Johannes Pausch aus Gut Aich dafür zusammengetragen haben. Auf künstliche Aroma- und Farbstoffe wird bewusst verzichtet. Werden doch auch nur Saatgut und Pflanzen aus biologisch-dynamischem und organisch-biologischem Anbau verwendet, die mit Kompost natürlich gedüngt wurden. Die in hübsche Fläschchen abgefüllten Liköre werden im Shop des Stifts verkauft. „Es bereitet mir viel Freude, dass es gelungen ist, den Garten wieder zugänglich zu machen", sagt Pater Martin und geht ganz auf in dieser Aufgabe.

VOLLKORN-KLOSTERBROT

Dieses Rezept finden Sie auf der Seite 175

KULTUR & TOURISMUS STIFT MELK
Pater Martin Rotheneder
Abt-Berthold-Dietmayr-Straße 1, A-3390 Melk
Tel. 00 43 (0) 27 52 / 5 55-225
www.stiftmelk.at

GENUSS IN BAROCKEM AMBIENTE

Köstliche Kreationen und patentierte Kolomanitorte

REHRAGOUT MIT WURZELWERK UND BREZENKNÖDEL
Dieses Rezept finden Sie auf der Seite 176

„Hier wachsen die frischen Kräuter und Blüten für unsere Küche und sogar über 80 Kilo schwere Kürbisse." Gabriele Teufner zeigt stolz ihren Garten unweit des Stiftsrestaurants Melk. Gemeinsam mit ihrem Mann Gerhard führt sie das Restaurant in der barocken Orangerie, dem früheren Gewächshaus des Stifts, und leitet das Küchenteam.

Gerhard Teufner, geboren als Sohn eines Bäckers am Fuß des Stifts, ist zu seinen Wurzeln heimgekehrt. Davor hatte er zwölf Jahre lang mit seiner Frau den Melker Stiftskeller in Wien als Heurigenrestaurant gepachtet. Im Stiftsrestaurant Melk offerieren die Teufners österreichische Küche für internationale Gäste und Saisonales von großteils regionalen Lieferanten, zum Beispiel Bärlauch, Spargel und Köstlichkeiten aus der Wachauer Marille. Das Wild stammt aus der Eigenjagd des Stifts.

Patentiert ist eine Eigenkreation Gabriele Teufners, die Kolomanitorte, eine saftige Walnusstorte mit Holundermarmelade. Pate stand der heilige Koloman, Schutzpatron des Stifts und der Stadt. Er war an einem dürren Holunderstrauch erhängt worden, der danach zu blühen begann. Zehn Prozent der Einnahmen aus dem Tortenverkauf kommen wohltätigen Zwecken zugute.

Neben dem Restaurant und dem Garten hat das Stiftsrestaurant für Hochzeitstafeln, Firmenfeiern und andere Gruppen die beiden Freskensäle im ersten Stock und den Keller mit Kreuzgewölbe zu bieten, wo insgesamt 880 nichtrauchende Gäste Platz finden. Im Keller werden, umrahmt von Heurigenmusik, die Weine des Stifts verkostet. Fresken sind auch im Gartenpavillon zu finden. Sie stammen von Schönbrunn-Maler Johann Bergl. Hier bieten die Teufners hausgemachte Mehlspeisen und Getränke in Selbstbedienung an. Und ganz Eilige bekommen in der Schirmbar des Stiftsrestaurants Stehkaffee und Getränke zum Mitnehmen.

MELKER STIFTSRESTAURANT TEUFNER GMBH
Gerhard und Gabriele Teufner
Abt-Berthold-Dietmayr-Straße 3, A-3390 Melk
Tel. 00 43 (0) 27 52 / 5 25 55
www.stiftsrestaurant-melk.com

ZEITREISE IN DER BÄCKEREI

Schaubacken im Lehmofen und alte Schätze bestaunen

„Hier im Lehmofen wurde direkt Feuer gemacht und wenn der Ofen weiß glühte, konnte man das Brot backen", zeigt Elisabeth „Sissy" Stummvoll das Prachtstück ihres Bäckereimuseums in Mühldorf im Spitzer Graben. Einmal pro Monat ist der Lehmbackofen aus dem 17. Jahrhundert für das Schaubacken in Betrieb. Dann können die Gäste auch selbst Hand anlegen, die Backwaren anschließend verkosten und mit nach Hause nehmen.

Schon 1625 war das Haus als Bäckerei in Betrieb. Die Holzkohle aus dem Lehmofen wurde damals noch für das Bügeleisen verwendet, die Asche als Lauge fürs Wäschewaschen. Dort wo heute Kaffeehaustische im Museum auf Gäste warten, schlief der Bäcker. „Neben der Backstube war es warm", erzählt die Gastgeberin. In ihrer Kindheit arbeitete hier ihr Vater als Bäcker, der das Haus 1952 erstanden hatte.

Auf dem Dachboden lagerten noch alte Schätze, die Sammlerin Sissy Stummvoll um weitere Fundstücke für ihr Museum ergänzt hat. Von Mehlsieben über Brotsimperl und handbestickte Brotsäcke bis zu Backformen, Hostienstempel, Backpinsel aus Federn sowie Rezeptbüchern reicht die Palette. Mit der alten Semmelmaschine dürfen Kindergruppen noch manchmal eigene Semmeln herstellen.

Einen Raum weiter, im Hof des Hauses, wartet die Bäckerei aus dem Jahr 1890. In weißen Holzregalen und Glaskästen ist Greisslerware ausgestellt. Mit den geflochtenen Körben war Sissy Stummvoll in ihrer Kindheit noch unterwegs. „Damals habe ich den Wiener Feriengästen Kipferl und Semmeln geliefert", erinnert sie sich. Heute können sich die Gäste im benachbarten Café der Chefin stärken. Neben Mehlspeisen und Kaffee sind auch die Wachauer Weine und, auf Vorbestellung für Gruppen, die frischen Forellen und der Tafelspitz beliebt. Mit Brotspezialitäten wie Brotauflauf, Brotsalat und Brotsuppe klingt der Besuch im Bäckereimuseum stilgerecht aus.

BROTPRALINEN

Dieses Rezept finden Sie auf der Seite 177

BÄCKEREIMUSEUM UND CAFÉ
Elisabeth Stummvoll
Markt 14, A-3622 Mühldorf
Tel. 00 43 (0) 27 13 / 82 43
Mobil 00 43 (0) 6 76 / 6 24 28 92
www.baeckereimuseum.at

PIEWALD
GRÜNER VELTLINER
Kalkofen
Smaragd
PIEWALD
RIESLING
Biern
PIEWALD
NEUBURGER
"Katharina"
2012

KLEINER FEINER WOHLFÜHLBETRIEB

Flaschenweine und Ferienwohnung für Wanderbegeisterte

„Der Wein wächst in erster Linie im Weingarten, alles von außen Zugefügte macht ihn nur schlechter", sagt Helmut Piewald. Seit er das Weingut von seinem Vater übernommen hat, konzentriert er sich auf naturbelassene, charaktervolle Weine, die streng nach dem Codex Vinea Wachau ausgebaut werden. Präsentiert werden die Hauptsorten Grüner Veltliner und Riesling auf Messen und Hausmessen im In- und Ausland. Mittlerweile freut sich Helmut Piewald über Topkunden von Deutschland bis Italien.

Fünf Hektar Weingarten neben der Donau und im Spitzer Graben, großenteils in Berglage, liefern etwa 25 000 Flaschen pro Jahr. „Bei uns im Ort ist eine tolle Rieslinglage mit sandigem Verwitterungsboden. Der Veltliner wächst auf dem dichteren Lehmboden, das ergibt auch dichtere Weine", erzählt der Weinbauer. Durch genaue Wetterbeobachtung wird versucht, den Pflanzenschutzeinsatz möglichst gering zu halten. „Wir machen nichts zur Gewissensberuhigung, sondern arbeiten nur mit Hirn und Gefühl." Sohn Matthias bereitet sich in der Weinbauschule bereits darauf vor, in ein paar Jahren langsam mehr in den väterlichen Betrieb hineinzuwachsen und ihn später zu übernehmen.

Neben den Weinen stellt die Familie auch verschiedene Obstbrände her, vor allem Marillenbrand mit Früchten aus dem eigenen Garten, Pfirsichbrand aus Weingartenpfirsichen und sogar Traubenbrand aus Weintrauben. Letzteres war ein Experiment mit sehr geglücktem Ausgang.

Wer die Ruhe auf dem Weingut in Gut am Steg, zwei Kilometer außerhalb des Ortskerns von Spitz genießen will, dem steht die geräumige Ferienwohnung jeweils ab Frühling offen. Direkt beim Haus beginnen schöne Wanderwege und in der Nähe windet sich der Panoramaweg mit Informationen zum Weinbau über die Hügel. Er führt zehn Kilometer von Schloss Spitz bis Mühldorf und bietet herrliche Ausblicke.

WEINGUT PIEWALD
Helmut Piewald
Gut am Steg 2, A-3620 Spitz
Tel. 00 43 (0) 27 13 / 21 69
www.weingut-piewald.at

WEINGUT
R.u.E.
GRITSCH

STILLE AM RANDE VON SPITZ

Weingut, Gästezimmer und Heuriger mit Ruinenblick

Die Aussicht auf die Ruine Hinterhaus, über die sich die Gäste des Weinguts von Roman Gritsch freuen können, ist idyllisch. Von der ruhigen Anhöhe in Radlbach am Ortsrand von Spitz überblickt man das ganze Tal und die Weinberge der Umgebung. Der größte Teil der eigenen Weingärten ist gleich hinter dem Haus gelegen. Auf insgesamt sechs Hektar gedeihen vor allem Grüner Veltliner, Riesling, Neuburger und Weißburgunder.

Rupert und Erika Gritsch, die 1987 den Nebenerwerbsbetrieb von einer weitsichtigen Verwandten übernommen und ausgebaut hatten, überließen 2013 Junior Roman Gritsch die Leitung. Mitgeholfen wird noch immer, die Bergterrassenlagen können kaum mit dem Traktor bewirtschaftet werden, da wird jede helfende Hand gebraucht. Vom Schneiden und Binden über gezielte Laubarbeiten und Bodenbearbeitung bis zur selektiven Lese im Herbst sowie dem Instandsetzen der Weinterrassen und Gärten im Winter reichen die händischen Arbeiten. Je nach Witterung schwankt die Erntemenge zwischen 3500 und 6000 Liter pro Hektar, ein Teil wird an die Genossenschaft Domäne Wachau geliefert.

Im neuen Weinkeller, der in die Erde des Weinbergs gegraben wurde, lagern in natürlicher Kühle in Stahltanks die reifenden Weine neben den abgefüllten Flaschen. Viermal pro Jahr öffnet das Weingut seinen Garten und den Gewölberaum des aus dem Jahr 1638 stammenden Hauses für den Heurigen. Dann werden neben den eigenen Weinen kalte Jausen angeboten, von selbst gemachten Aufstrichen bis zu selbst Geselchtem und Gebratenem.

In den geräumigen Zimmern und der Ferienwohnung mit Vollholzmöbeln lässt sich die Ruhe genießen. Und in zehn Minuten Fußweg ist der Ortskern von Spitz mit seinen mittelalterlichen Häusern sowie dem Schloss Spitz zu erreichen.

WEINGUT GRITSCH
Roman Gritsch
Radlbach 11, A-3620 Spitz
Tel. 00 43 (0) 27 13 / 22 08
www.weingut-gritsch-wachau.at

GB
2012
GB
2012
GB
2012
GB
GEBETSBERGER
RIESLING
1000-EIMERBERG
FEDERSPIEL®
WACHAU / AUSTRIA
GB
GEBETSBERGER
RIESLING
1000-EIMERBERG
SMARAGD®
WACHAU / AUSTRIA
GB
GEBETSBERGER
GRÜNER VELTLINER
STEINBORZ
FEDERSPIEL®
WACHAU / AUSTRIA

AM ALTEN BURGBERG

Weingarten, Heuriger und Zimmer beim Tausendeimerberg

Die feuchte Kühle des Kellergewölbes riecht nach jahrhundertealter Geschichte. Tatsächlich wurde die Familie Gebetsberger in Spitz bereits 1859 als Hauergeschlecht urkundlich erwähnt. Heute führt Stefan Gebetsberger mit seiner Frau Manuela in vierter Generation den Betrieb. „Hier werden die Trauben übernommen und kommen in die neue Presse", erklärt er auf einem Rundgang im Keller.

Die Weintrauben, vorwiegend regionstypisch Grüner Veltliner und Riesling, wachsen auf fünf Hektar Weingarten nahe dem Haus auf dem Tausendeimerberg, dem alten Burgberg der Ortschaft – mit seinem Klima und dem Gneisverwitterungsboden eine der besten Lagen in Spitz. Bei der Bewirtschaftung hilft die ganze Familie. Produziert wird möglichst naturnah und umweltschonend. Die Weine lagern in Stahltanks und werden natürlich ausgebaut. Das ergibt leichte, trockene Weine. „Eine Gemeinschaftsfüllanlage fährt von Keller zu Keller zum Abfüllen. Das ist wirtschaftlicher und sie ist auf dem neuesten Stand der Technik", erzählt Stefan Gebetsberger.

Wer das Ergebnis verkosten will, kann das im hauseigenen Kostraum im Erdgeschoss des Hauses und beim Heurigen der Familie mit Wachauer Spezialitäten. Bei Schönwetter ist auch der Garten, umrahmt von den Weingärten des Tausendeimerbergs, für die Gäste geöffnet. Verkauft wird der Wein vorwiegend ab Hof, ein Teil der produzierten Flaschen geht in den Export.

Von April bis November bietet die Familie außerdem fünf freundliche, neue Gästezimmer im ruhig und zentral gelegenen Haus an. Die Umgebung lockt mit Sehenswürdigkeiten ebenso wie mit Wander- und Radwegen oder Schiffsausflügen.

WEINGUT GEBETSBERGER
Stefan und Manuela Gebetsberger
Hauptstraße 34, A-3620 Spitz
Tel. 00 43 (0) 27 13 / 20 96
www.weingut-gebetsberger.at

WO DAS SCHIFF DES KAISERS HIELT

Gutbürgerliche Küche und Poleposition zur Sonnenwende

„Als Kaiser Franz Josef seine Sissi ehelichte, fuhr ein goldgeschmücktes Hochzeitsschiff auf der Donau, und überall, wo es anlegte, gibt es heute noch ein Haus, das den Namen Goldenes Schiff trägt." So erzählt es die Legende und auch Paul Reiböck, Besitzer des Gasthofs Goldenes Schiff in Spitz. Gemeinsam mit seiner Frau Eva führt er seit 1997 das geschichtsträchtige Haus, das sein Urgroßvater vor 90 Jahren gekauft hat. Als Bierdepot und Jugendherberge diente der Gasthof bereits, ein Brand sowie mehrere Hochwasserkatastrophen liegen hinter ihm. Vor letzterem bewahrt künftig der neue Hochwasserschutz.

Das Haus mit seinen geräumigen Zimmern und 60 Betten lockt zahlreiche Gruppen und Vereine an, vom Gärtner- bis zum Briefmarkenverein. Viele kommen mit Bussen aus Deutschland und schätzen es, im eigenen Speisesaal unter sich zu sein. Dort finden zuweilen auch Bälle, Hochzeiten, Weihnachtsfeiern und Seminare statt.

Im Oleandergarten des Restaurants sind die Plätze während der Sonnwendfeier besonders begehrt. „Vor unserem Haus auf der Donaulände ist eine der Abschussstellen des Feuerwerks und brennt ein Sonnwendfeuer", freut sich Paul Reiböck. Das gesamte Panorama, von der Ruine Hinterhaus bis zum Tausendeimerberg, ist dann stimmungsvoll beleuchtet und bietet ein romantisches Schauspiel.

Ein weiterer Höhepunkt des Jahres ist der Marillenkirtag im Juli. „Die Marillen, die zu Mittag verkocht werden, ernten wir am Morgen frisch im eigenen Garten", sagt Eva Reiböck, die Küchenchefin. Im Restaurant setzt sie auf saisonale bodenständige Küche, gutbürgerlich und mit Zutaten aus Österreich, vorwiegend aus der Region. Von den Lammwochen um Ostern über die Spargelzeit und leichte Sommerküche bis zur Schwammerlsaison, zum Weinherbst und zu den Wildwochen reicht die Palette, die viele Stammgäste schätzen und lieben.

GEBRATENES ZANDERFILET AUF BÄRLAUCH-RISOTTO UND VELTLINERSCHAUM

Dieses Rezept finden Sie auf der Seite 178

GASTHOF GOLDENES SCHIFF
Paul und Eva Reiböck
Mittergasse 5, A-3620 Spitz
Tel. 00 43 (0) 27 13 / 23 26
www.goldenesschiff.at

SPITZENWEINE KOMMEN AUS SPITZ

Preisgekrönte edle Tropfen für die Stars aus Hollywood

„Die Weine reifen im Keller durch kontrolliertes Nichtstun", sagt Franz Hirtzberger der Ältere aus Spitz an der Donau in der Wachau und führt durch die Kelleranlage. Die händisch geernteten vollreifen Trauben werden gerebelt, schonend gepresst, in Stahltanks vergoren und zum Teil in großen Holzfässern aus Eiche oder Akazie ausgebaut.

Einen Gewölberaum weiter, in der Vinothek des Weinguts, lagern die Flaschen der letzten 50 Jahrgänge und zeugen von der guten Lagerfähigkeit und Reife der Weine. Zu den weltweiten Abnehmern der Besonderheiten zählt auch Wolfgang Puck, Starkoch in Hollywood, der für spezielle Anlässe die preisgekrönten Weine ordert. Das Weingut Hirtzberger wird zu den 200 Top-Weingütern der Welt gezählt.

Auf 20 Hektar in besten Lagen wachsen vor allem Grüner Veltliner und Riesling, aber auch Weiß- und Grauburgunder sowie Neuburger und Muskateller. Auf dem Singerriedel gedeiht auf steil ansteigenden Steinterrassen, kargem aber mineralhaltigem Boden aus Paragneis, Glimmer, Schiefer und erzhaltigem Gestein der gleichnamige berühmte Riesling-Smaragd. Gleich am Fuße des Weinbergs wächst der beste Grüne Veltliner des Weinguts mit dem Namen Honivogl, dessen Weingarten seit 1898 im Besitz der Familie ist.

Die Geschichte der Weinbauernfamilie reicht in der Wachau bis ins 16. Jahrhundert zurück und der Name Franz Hirtzberger vererbt sich bereits auf die fünfte Generation. Ein Name, der für Qualität bürgt, denn 90 % der Kunden bestellen jährlich Weine, die sie vorher nicht verkostet haben. „Das spricht für das große Vertrauen, das in die Weine gesetzt wird", freut sich Franz Hirtzberger der Ältere, „für uns bedeutet das vor allem die große Herausforderung, jedes Jahr beste Qualität zu liefern."

WEINGUT FRANZ HIRTZBERGER
Franz Hirtzberger
Kremserstraße 8, A-3620 Spitz
Tel. 00 43 (0) 27 13 / 22 09
www.hirtzberger.com

DIE FAMILIE HILFT ZUSAMMEN

Weinbau, Heuriger und Gästezimmer mit Blick auf Weingärten

„Ich wusste schon in der Volksschule, dass ich mit dem Weinbau weitermachen will", erzählt Richard Ottmann aus Weißenkirchen. Während seine Eltern sich für einen Beruf als Angestellte entschieden hatten, trat er nach der Vinohak, der Handelsakademie mit Schwerpunkt Wein- und Obstbau, in die Fußstapfen seine Großvaters stiefväterlicherseits, Johann Amon. So wurde 2004 aus Wein Amon der neue Betrieb Wein Ottmann.

„Die Großeltern helfen nach wie vor mit", sagt Richard Ottmann und ist sich der Unterstützung von Leopoldine und Johann Amon bei der Bewirtschaftung der vier Hektar Weingarten sicher. In einem Familienbetrieb packen alle an, auch Ehefrau Isabella. Gemeinsam werden Grüner Veltliner, Riesling, der seltenere Grüne Silvaner, Frühroter Veltliner, Muskateller und Zweigelt kultiviert.

Verkostet werden können die Weine im alten Presshaus in der Bachgasse, das auch viermal jährlich den Heurigen der Familie beherbergt. Für besonderes Flair im Gewölbe sorgt die alte Baumpresse aus dem Jahr 1792 und bei Schönwetter wartet der romantische Innenhof auf die Gäste. Das kulinarische Angebot ist großteils selbst gemacht, vom Geselchten und Sulz über Aufstriche und warme Quiche bis zum Rotweinkuchen nach Omas Rezept.

Wer nachher nicht mehr ins Auto steigen möchte, findet das ganze Jahr über im neuen Haus der Ottmanns drei freundliche Gästezimmer, eines barrierefrei, zwei mit Balkon und Blick auf die Weingärten bis zu den Hügeln des Dunkelsteinerwalds. Die Marmeladen auf dem Frühstücksbuffet sind ebenso wie der Traubensaft selbst gemacht und der kleine Garten kann mitbenutzt werden. In der Umgebung locken Wander- und Radwege die Touristen an. „Der am weitesten gereiste Gast kam aus Neuseeland", freut sich Isabella Ottmann.

ROTWEINKUCHEN NACH OMAS ART

Dieses Rezept finden Sie auf der Seite 175

WEIN OTTMANN
Isabella und Richard Ottmann
Lichtgartl 374, A-3610 Weißenkirchen
Tel. 00 43 (0) 27 15 / 7 28 42
Mobil 00 43 (0) 6 50 / 6 66 66 27
www.wein-ottmann.at

Grüner Veltliner
Turm Wachau
Familie Rosenberger

GUT TAUSEND JAHRE GESCHICHTE

Modernes Flair in alten Mauern – und die Wachau zu Füßen

NUSSKIPFERL NACH OMAS REZEPT
Dieses Rezept finden Sie auf der Seite 179

„Erfolgreich ist man nur in den Dingen, die man mit Liebe macht", sagt Josi Rosenberger. In ihrem Gästehaus Turm Wachau ist an allen Ecken und Enden zu sehen, dass es an Liebe nicht mangelt. Der ehemalige Wehrturm der Burg aus dem Jahr 980 im Herzen von Weißenkirchen war über 100 Jahre lang im Besitz der Familie ihres Mannes Heinz, ehe er mit viel Fingerspitzengefühl restauriert und ausgebaut wurde.

Der Innenhof, wo Schuppen und Schweinestall standen, ist nun Wintergarten mit Panoramablick und Terrasse. Von dort genießt man eine traumhafte Aussicht auf Weißenkirchen. „Wir legen den Gästen die Ur-Wachau zu Füßen", lacht Josi Rosenberger. In den Zimmern verbinden sich das Flair der Jahrhunderte und der Charme der Moderne. Für ihre Namen standen Wachaumaler Pate, darunter Erich Giese, der in der Nachbarschaft lebt.

Unter anderem zur Sonnenwende beherbergt das Haus auch den Heurigen. Heinz Rosenberger, Winzer aus Leidenschaft, kredenzt die eigenen Weine, Josi und Tochter Denise sorgen in der Küche für Ausgefallenes und Bodenständiges. Mousse von geräucherter Forelle findet man ebenso wie selbst gemachtes Geselchtes. Dafür wurde die alte Rauchkuchl wieder aktiviert. Und natürlich die heiß begehrten Nusskipferl nach Omas Rezept. Bei den Schmankerltagen verbinden sich Internationales und Wachauerisches. Dann laden die Rosenbergers eine Region oder ein Land zur kulinarischen Symbiose in die Wachau ein.

Besonders freut sich Josi Rosenberger, wenn sie als Wein- und Wanderbegleiterin ihre Gäste „ins Himmelreich und zurück" führt. Die himmlische Riede liegt auf dem Weißenkirchner Panoramaweg und im eigenen Weingarten mit Blick auf Dürnstein lädt Heinz Rosenberger zum Ausklang zu einer Weinverkostung bei Kerzenlicht und Lagerfeuer. „Ich bin dankbar, dass ich hier leben darf", sagt Josi Rosenberger und genießt es, in der Wachau daheim zu sein.

TURM WACHAU
Josi und Heinz Rosenberger
Auf der Burg 140, A-3610 Weißenkirchen
Mobil 00 43 (0) 6 64 / 2 01 38 50
www.turm-wachau.at

Schloss
Hotel
Dürnstein

SCHLOSS MIT TRAUMBLICK

Wo gekrönte Häupter und Stars sich zur Ruhe betten

RAVIOLI VOM BROCCOLI, KALBSKOPF MIT BASILIKUM-PARADEISER-PINIENKERNBUTTER
Dieses Rezept finden Sie auf der Seite 180

Die Donau windet sich wie ein blaues Band durch die Landschaft aus Weinbergen und bewaldeten Hügeln, hinter denen die Sonne versinkt. Der Blick aus den Zimmern und von der Restaurantterrasse des Fünf-Sterne-Hotels Schloss Dürnstein zählt zu den schönsten der Wachau. Ihn genossen neben der spanischen Königsfamilie auch Stars wie José Carreras.

Eine Woche nach der Sonnenwende verwandelt sich der blaue Strom in ein Lichtermeer, wenn unzählige selbstgemachte Kerzen in Eierschalen auf kleinen Brettern ins Wasser gesetzt werden. „Eine Tradition, die unsere Familie seit über 100 Jahren pflegt", erzählt Juniorchef DI Johannes Christian Thiery. Selbst bezeichnet er sich gerne als „Hausmeister" des Hotels, das er in dritter Generation mit seiner Schwester Maria-Katharina Thiery-Schroll und den Eltern Rosemarie und Johann Thiery leitet.

„Ich bin im Hotel aufgewachsen und hab schon als Kind in der Küche geholfen", erinnert sich der junge Hausherr. Heute führt dort Hans Zusser mit ruhiger Gelassenheit sein Team. Die Speisekarte bietet eine breite Palette von Regional-Saisonalem über österreichische Klassiker bis zu internationaler Küche. Gourmets kommen während des Wachau Gourmetfestivals auf ihre Kosten, wenn Gäste wie Starkoch Tim Raue ihre Menüs zaubern.

Unkonventionell geht es bei der Küchenparty zu, bei der sich bis zu 150 Menschen in Schürzen in der Küche tummeln, an Stehtischen Suppe trinken, Köstlichkeiten und Weine probieren, während Livemusik für gute Laune sorgt. In den 47 Zimmern und Suiten, ausgestattet mit Antiquitäten und modernen Bädern, lässt sich danach wieder Ruhe finden. Das Frei- und Hallenbad, Sauna, Dampfbad, Massagen und mehr sorgen für Wohlbefinden. Lediglich während des Winters liegt das Hotel im Dornröschenschlaf, aus dem es nach der Renovierung um Ostern herum wieder erwacht.

HOTEL SCHLOSS DÜRNSTEIN GMBH
Familie Thiery
Geschäftsführer: Johannes Christian Thiery
A-3601 Dürnstein 2
Tel. 00 43 (0)27 11 / 2 12
www.schloss.at

WEITHIN BELIEBT UND BEKANNT

Knoll und Knoll bürgen für Qualität in Weinbau und Küche

„Was gute Winzer verbindet, sind die Leidenschaft für den Weinbau und ihre Intuition." Emmerich Knoll senior weiß, wovon er spricht. Mit viel Know-how und Gefühl hat er mit seiner Frau Monika seit den späten 1970er-Jahren den Weinbaubetrieb seines Vaters zu einem der renommiertesten Weingüter der Wachau ausgebaut. Die typischen Weißweine der Region wie Grüner Veltliner und Riesling zählen zu den höchstbewerteten in internationalen Fachkreisen und werden nicht nur in Europa verkauft, sondern bis Amerika, Australien und Japan exportiert.

„Wir wollen trotzdem Weinhauer bleiben und nicht zu Weinreisenden werden", sind sich Emmerich Knoll senior und Emmerich junior, Winzer in sechster Generation, einig. Die Wurzel für gute Weinqualität liegt im Weingarten, der Wein muss im Keller aber mit viel Gefühl gepflegt werden.

Auf den Steinterrassen fällt vor allem Handarbeit an. Dafür belohnen die Weinstöcke auf dem Gneisverwitterungsboden im Wachauer Mikroklima mit kühler nächtlicher Luft aus dem Waldviertel und warmen Sonnentagen die Anstrengungen mit einem besonders eleganten Wein.

100 Prozent Knoll-Weißweine, darunter auch Chardonnay, Muskateller und Gelber Traminer, stehen auf der Weinkarte des benachbarten Loibnerhofs, im Besitz der Familie Josef Knoll. Die Seniorchefs sind Cousins. Die Küchenleitung hat bereits Junior Josef übernommen und kombiniert Produkte aus der Region gerne mit Ingwer- und Currynote. Was mit drei Guide-à-la-Carte-Sternen und einer Gault-Millau-Haube zu Buche geschlagen hat.

In der warmen Jahreszeit übersiedelt das Lokal samt Küche aus dem 400 Jahre alten Gewölbe über die Straße in den Sommersitz mit Terrasse und idyllischem Apfelgarten. Eine wahre Oase, wo manch einer die Zeit vergessen kann. Nicht nur dank der tollen Weinkarte.

HUCHEN IN RIESLINGSOSSE
MIT NACKTGERSTENRISOTTO

Dieses Rezept finden Sie auf der Seite 181

WEINGUT EMMERICH KNOLL
Unterloiben 10, A-3601 Dürnstein
Tel. 00 43 (0) 27 32 / 7 93 55
www.loibnerhof.at/de/weingut.html

RESTAURANT LOIBNERHOF
Familie Knoll
Unterloiben 7, A-3601 Dürnstein
Tel. 00 43 (0)27 32 / 8 28 90-0
www.loibnerhof.at

GENIESSEN MIT BLICK AUF KREMS

Preisgekrönte Weine und Aufstriche beim Heurigen verkosten

LIPTAUER
Dieses Rezept finden Sie auf der Seite 179

„Das Geheimnis heißt Brimsen, das ist ein Schafkäse", verrät Inge Graf aus Mauternbach. Ihr Liptauer ist der beste Österreichs und wurde 2011 und 2012 mit der Aufstrichkrone der Direktvermarkter belohnt. Ganz nebenbei auch noch der Lachsaufstrich und der Schinken-Gervais-Krenaufstrich. In den Genuss dieser Köstlichkeiten kommt man sieben Monate jährlich beim Heurigen des Weinguts Graf.

Ideenreiche kalte Speisen aus Produkten der Region, zum Beispiel Schmankerl vom Donaulandschwein und -rind, ziehen Stammgäste an. In Wein gekochtes Geselchtes, Rostbeef-Röllchen oder selbst gemachte Wild- und Geflügelpasteten stehen auf der Karte. Wenn Gerald und sein Stiefvater auf die Jagd gehen, gibt es hinterher auch manchmal Wildschweingeselchtes. Und die Kürbis-Apfel-Zimt-Marmelade für die Palatschinken ist selbstverständlich ebenfalls hausgemacht. Zum Verkosten der Heurigenspezialitäten lädt neben der gemütlichen Winzerstube und dem Gewölbe mit Kamin vor allem der Garten mit Blick auf Krems ein.

„Bei klarem Wetter sieht man bis in den Wienerwald", sagt Gerald Graf. Er führt den seit 1697 alteingesessenen Weinbaubetrieb nach dem Tod seines Vaters weiter. Gleich hinter dem Haus liegt auf Terrassen die Hausriede Galiziberg, der Rest der vier Hektar Weingarten verteilt sich auf den Hochplateaus in Richtung Mautern und Unterbergern. „Wir haben hier am Südufer tiefgründigere Lössböden als auf der Nordseite. Der Vorteil ist, in trockenen Jahren müssen wir nicht bewässern, bei viel Regen entsteht kein Nässestau."

Kultiviert und verarbeitet werden die Trauben nach dem Codex der Vinea Wachau, den Qualitätskriterien der Region. Auch die Weine der Grafs sind 2011 und 2012 prämiert worden. Bei der International Wine Challenge Vienna erhielt der Riesling Federspiel zweimal, der Grüne Veltliner einmal Silber, der Muskateller-Sekt zweimal Gold.

WEINGUT GRAF
Inge und Gerald Graf
A-3512 Mauternbach 14
Tel. 00 43 (0) 27 32 / 8 27 43
Mobil 00 43 (0) 6 64 / 3 80 23 83
www.weingut-graf.at

FERRY`s ORIENTEXPRESS
London - Paris
Klein - Wien
Venedig - Istanbul

SCHICK ESSEN BEIM SCHICKH

Hausmannskost und gehobene Küche am Fuß des Göttweiger Bergs

„London – Paris – Klein-Wien ..." steht auf dem Eisenbahnwaggon im Garten, der die Gäste des Landgasthofs Schickh bei ihrer Ankunft zum Schmunzeln bringt. Heute lockt der umgebaute Schmalspurwaggon unter anderem Eisenbahnfans aus Deutschland und der Schweiz an. Die „echte" Haltestelle ist nur wenige Meter entfernt. „In 50 Minuten kommt man mit der Bahn von Wien-Hütteldorf über St. Pölten zu uns", erzählt Juniorchef Christian Schickh.

Etliche Gäste nutzen das Angebot für einen Ausflug an den Fuß des Göttweiger Bergs, manche bleiben über Nacht. Sechs Doppelzimmer machen es möglich. „Zu Zeiten meines Urgroßvaters war das Haus noch ein Verkaufslokal für die Zugkarten, später wurden die ersten Übernachtungsmöglichkeiten für Zugreisende gebaut", erinnert sich der Hausherr an die Geschichte des Landgasthofs.

Die schmackhafte Küche von Christian Schickh, bodenständig von Hausmannskost wie Blunzengröstl bis zu Gehobenem wie Hummer aus dem Becken, schätzen heute viele Stammgäste aus dem Raum St. Pölten, Wien und Linz. Die Zutaten stammen großteils aus der Region, auf Qualität aus Österreich legt man hier Wert. Und wenn der Küchenchef zum Angeln kommt, fängt er selbst die Saiblinge aus dem eigenen Fischteich. Die Mehlspeisen und wahre Tortenkunstwerke für besondere Anlässe zaubert Christian Schickhs Frau Eva in der eigenen Backstube.

Getafelt wird im gemütlichen Stüberl oder im hellen Wintergarten, der im Sommer geöffnet und in den Gastgarten integriert wird. Im Service ist Christian Schickhs Schwester Evi die Seele des Hauses und sorgt dafür, dass die Gäste sich wohlfühlen. Das Talent für die Kulinarik dürfte der Familie in die Wiege gelegt sein. Stammt doch Evis und Christians Mutter, die frühere Küchenchefin, aus dem Landhaus Bacher, heute Domizil ihrer haubengekrönten Schwester.

SCHWEINEMEDAILLONS VOM TULLNERFELD-SCHWEIN, KNOBLAUCHSOSSE, WALDVIERTLER KNÖDEL
Dieses Rezept finden Sie auf der Seite 182

LANDGASTHOF SCHICKH
Christian Schickh
Avastraße 2, A-3511 Klein-Wien
Tel. 00 43 (0) 27 36 / 72 18
www.schickh.at

A LA CARTE
2013
ZUM ELEFANTEN

KREATIVE BODENSTÄNDIGE KÜCHE

Kleiner Elefant mit großen Ideen und viel Flair

GEBRATENE ENTE MIT MARILLENSOSSE UND KARTOFFEL-MOHNNUDELN
Dieses Rezept finden Sie auf der Seite 183

Das schmale Haus auf dem idyllischen Schürerplatz inmitten von Krems-Stein wirkt einladend. Das heimelige Gewölbe der Gemäuer aus der Zeit um 1500 beherbergt das Gasthaus zum Elefanten. „Wir möchten ein Wirtshaus der anderen Art mit gehobener Küche bieten, wo jeder Gast willkommen ist", sagt der Wirt Josef Königslehner. Das gut eingespielte Team spiegelt den familiären Charakter wider.

Nach Lehr- und Wanderjahren, die ihn vom Traumschiff MS-Berlin über Neuseeland, Berlin und London bis ins Hilton Plaza Wien als Operation Manager führten, ist Josef Königslehner in seine Heimatstadt zurückgekehrt. „Ich habe mir mit diesem Wirtshaus meinen Traum erfüllt." Mit Küchenchef Günter Zeller ist eine Speisekarte entstanden, die eine kreative Mischung aus regionaler Küche mit internationalem Touch aufweist. Darauf finden sich Kompositionen wie Donauwaller auf Rote-Rüben-Risotto mit Stangensellerie-Orangen-Gemüse oder honiggebeizte Hühnerbrust vom Rost mit Basmati-Reis. Wochentags können die Gäste zusätzlich zwischen einem Zwei- und Dreigangmenü wählen.

Die Zutaten kommen aus der Umgebung – vom Tullnerfeld-Schwein bis hin zu den Eiern, die eine Bäuerin aus der Nachbarschaft liefert. „Die Tiere sollen keine langen Wege zum Schlachthof zurücklegen, Meeresfische braucht es nicht in unserer Region, und wenn möglich kaufen wir auch Biologisches", erzählt der Chef. Fair kalkuliert und ebenfalls von bester Qualität sind die Weine, persönlich ausgesucht durch Josef Königslehner, der auch Diplom-Sommelier ist. „Wir offerieren größtenteils Weine aus Österreich, nur ein paar Kellerraritäten kommen von internationalen Weingütern."

Zum besonderen Flair tragen auch die immer wieder wechselnden Bilder von Künstlern und Künstlerinnen aus der Region bei. Von Stillleben über Akt bis zur Steiner Altstadtansicht reicht die Palette. Vielfalt, wie sie zum Elefanten passt.

GASTHAUS ZUM ELEFANTEN
Josef Königslehner
Schürerplatz 9, A-3504 Krems-Stein
Tel. 00 43 (0) 27 32 / 8 50 16
www.zum-elefanten.at

ROMANTIK IM ZENTRUM VON KREMS

Gutbürgerliches Ambiente und selbst gemachte Hausmannskost

Der Arkadenhof gleicht einem Blumenmeer in der warmen Jahreszeit und die Palmen verbreiten mediterranes Flair inmitten der Kremser Innenstadt. „Wer Romantik liebt, ist bei uns gut aufgehoben", sagt Elisabeth Brunner. Obwohl ihr Sohn Karl den Gasthof zur Alten Post 2012 in dritter Generation übernommen hat, steht sie mit Rat und Tat zur Seite. Nicht nur mit ihrem „grünen Daumen".

Der gotische Bau, der Anfang des 16. Jahrhunderts im Renaissancestil umgebaut wurde, ist die älteste Gaststätte, die Krems an der Donau zu bieten hat. Von 1778 bis 1917 beherbergte sie außerdem das Postamt. Die Postkutscher spannten hier ihre Pferde um, nächtigten und stärkten sich kulinarisch. Im Besitz der Familie Brunner ist das Haus seit 1921, als der letzte Erbpostmeister die Alte Post verkaufte. Wo seinerzeit die Pferde im Stall standen, tafeln heute die Gäste in der Barockstube.

Die individuellen Zimmer mit insgesamt 38 Betten sind gutbürgerlich wie die Küche. Wer österreichische Hausmannskost liebt, kommt hier auf seine Kosten. Vom Tafelspitz über Zwiebelrostbraten, Beuschel und Gulasch bis zu Grammelknödeln mit selbst ausgelassenem Speck reicht die Karte. Nicht zu vergessen süße Schmankerl wie Kaiserschmarrn und Marillenknödel. Die Weine stammen ausschließlich aus Krems und der übrigen Wachau.

90 Prozent der Gäste kommen aus Deutschland, darunter viele Stammgäste, die Ruhe und Erholung suchen. Die Generation 50 plus liebt die Alte Post, die Gegend und die Kulinarik. Die Treue hält dem Haus auch das langjährige Stammpersonal. Ober Kurt ist seit 36 Jahren als Kellner dabei und hilft im Ruhestand noch immer mit, ebenso wie Frühstücksdame Herta mit über 70 Jahren. Auch Küchenchef Ossi Huemer schwingt den Kochlöffel schon seit mehr als 20 Jahren. Die Alte Post ist offenbar ein Platz für langfristiges Wohlfühlen.

JUNGSCHWEINBRATEN MIT SCHWARZBIERSOSSE, KRAUTSALAT UND ERDÄPFELKNÖDELN

Dieses Rezept finden Sie auf der Seite 184

GASTHOF ALTE POST
Karl Brunner
Obere Landstraße 32, A-3500 Krems
Tel. 00 43 (0) 27 32 / 8 22 76
www.altepost-krems.at

DEM HIMMEL SO NAH

Gut aufgehoben im Goldenen Engel am Rande von Krems

Der Garten mit Hängematten und Bänken kuschelt sich in die Weingärten, der Blick schweift über die Dächer von Krems bis zum Stift Göttweig. Das Hotel Goldener Engel bietet so manches, wodurch sich der Gast dem Himmel ein Stück näher fühlt. In der Suite unterm Dach lässt sich der Ausblick von der Terrasse ebenso wie aus dem Wohnzimmer und der Badewanne genießen. Ein Heimtrainer und eine Infrarotkabine im Bad sorgen für etwas Luxus – und das zu erschwinglichen Preisen. Eine Entdeckung in einer ruhigen Seitenstraße von Krems, das Zentrum in Fußnähe.

Drei Sterne und vier Blumen, die höchste Auszeichnung für Privatzimmer und Urlaub am Bauernhof, wurden der Familie Ehrenreich für ihr Hotel verliehen. Geführt wird es als Frühstückspension mit Halbpension. Neben Touristen schätzen viele Stammgäste das Haus mit seinen 21 Zimmern und der Suite, sei es nach Veranstaltungen oder beruflich auf der Durchreise. „Kinder und Hunde sind herzlich willkommen", sagt Margit Ehrenreich. „Wir hatten sogar schon Katzen und einen Rad fahrenden Papagei", ergänzt Tochter Alexandra. Sie übernimmt 2014 in achter Generation den Betrieb der Eltern.

Ursprünglich wurde das Haus 1658 als Taverne des Schlosses Grafenegg erbaut. Seit 1795 ist es im Besitz der Familie. Das Wappen der früheren Mühlenbesitzer prangt noch, gemalt von einem Vorfahren und Hobbymaler, im Gewölbe des Frühstücksraums. Kunstinteressiert sind die Ehrenreichs noch immer, Bilder von regionalen Künstlern schmücken die Zimmer.

Ausschließlich für die Gäste des Hauses wird am Abend aufgekocht. Obst, Gemüse und Mandeln aus dem eigenen Garten werden frisch zubereitet und zu Marmeladen, Kuchen und Großmutters Marillenknödeln verarbeitet. „Wichtig sind uns persönlicher Kontakt und Freundlichkeit", sagen Mutter und Tochter. Ihre Herzlichkeit vermittelt sich.

GROSSMUTTERS MARILLENKNÖDEL
Dieses Rezept finden Sie auf der Seite 185

HOTEL GOLDENER ENGEL
Familie Ehrenreich
Wienerstraße 41, A-3500 Krems
Tel. 00 43 (0) 27 32 / 8 20 67
www.hotel-ehrenreich-krems.at

QUEREINSTEIGER MIT BEGEISTERUNG

Bodenständige Küche im Sommergarten der Lerchenfelder

WACHAUER TOPFENSCHMARRN MIT MARILLENRÖSTER
Dieses Rezept finden Sie auf der Seite 185

Der Zufall ist der beste Regisseur. Das trifft auch auf das Leben von Josef Weber zu, dem Wirt des Lerchal in Krems-Lerchenfeld. Als der gelernte Elektriker von einem ehemaligen Voest-Kollegen an einem gemeinsamen Abend das Angebot bekam, sein Lokal zu übernehmen, sagte er spontan ja. Dass er obendrein im kroatischen Urlaubsdomizil seinen Koch – und heutigen Geschäftspartner – Dieter Aschauer kennengelernt hatte, der bei einer der ersten Dürnsteiner Adressen Küchenchef gewesen war und sich privat verändern wollte, passte wunderbar in sein Vorhaben.

„Ich habe es nie bereut", sagt Weber nach den ersten fünf Jahren. Seine Stammgäste danken es ihm. „Nach manchen kannst du die Uhr stellen", lacht der gemütliche Wirt. Vormittags kommen die Hausfrauen, abends die Männer, mittags die Menschen aus den umliegenden Industriebetrieben, Büros und Baufirmen. Sechs günstige Mittagsmenüs stehen wochentags immer zur Auswahl, darunter täglich Vegetarisches, Fisch, Gebratenes und Gebackenes.

„Bei Anlässen wie dem Heringsschmaus freut sich Dieter besonders, wenn er schöne Fischplatten dekorieren kann", erzählt Josef Weber. Neben Bodenständigem kann man auf der vierteljährlich wechselnden Karte auch Shrimps und ähnliches finden. Schmankerl bei den Wildwochen oder im Sommer das freitägliche Grillen, von Steckerlfisch über Hendel bis Stelzen, ist bei den Gästen beliebt. Kräuter und Gemüse kommen zum Teil aus dem Garten des Küchenchefs oder von wohlmeinenden Verwandten, die ihre Überschüsse zur saisonalen Küche beitragen.

Im Schatten der hohen Bäume spielt an manchem Sommerabend ein Ziehharmonikaspieler oder ein Ambros-Imitator singt Wolfgang-Ambros-Lieder. Der Gastgarten und die persönliche Note des Lerchal ziehen im Sommer häufig Touristen aus dem nahen Hotel an, neben Deutschen auch Amerikaner und Japaner. „Manche meinen, wir hätten den schönsten Garten von Krems", freut sich Weber.

S'LERCHAL
Josef Weber
Lerchenfelder Hauptplatz 8, A-3500 Krems
Tel. 00 43 (0) 27 32 / 7 86 60

REZEPTE

RÜCKEN VOM MAIBOCK, ERDÄPFEL-BÄRLAUCHPALATSCHINKEN UND SPARGEL

S'Felsengartl, Seite 130

ZUTATEN FÜR 4 PERSONEN

800 g Maibockrücken, Wildfond 150 g Butter, 1–2 EL Olivenöl, Wacholderbeeren, zerstoßen, 60 ml trockener Rotwein, Salz, Pfeffer

WILDFOND

1 kg Wild- und/oder Federwildknochen, 300 g Wurzelgemüse (Karotten, gelbe Rüben, Sellerieknolle, Stangensellerie), 2 Zwiebel, 1 Paradeiser, 1–2 EL Paradeismark, 10–15 Pfefferkörner, gestoßen, 10 Wacholderbeeren, 3 Pimentkörner, 1 Rosmarinzweig, 1 Thymianzweig

PÜREE

500 g mehlige Erdäpfel, 250 ml Mich, 15 g Butter, Schnee von 2 Eiweiß, Muskat, Salz, Pfeffer

PALATSCHINKEN

2 Eier, 5 EL Mehl, 250 ml Milch, 100 g Bärlauch, fein geschnitten, 2–3 Butterflocken pro Palatschinke, 1 Prise geriebener Parmesan pro Palatschinke, Salz

SPARGEL

3 Stangen weißer Spargel pro Portion

SPARGELSUD

100 g Butter, Milch, Zitronensaft, 1 trockene Semmel, Salz, Pfeffer

SOSSE HOLLANDAISE REDUKTION

1–2 Schalotten, 5 Pfefferkörner, 2 EL weißer Balsamico, 125 ml Weißwein, 125 ml Wasser

SOSSE HOLLANDAISE

2 Eidotter, 150 g geklärte Butter, Saft von 1/2 Zitrone, 1/2 TL Senf, 1 Messerspitze edelsüßes Paprikapulver, Salz

ZUBEREITUNG

Den Maibockrücken waschen, gut trockentupfen, mit Salz, Pfeffer, Wacholder würzen und in halb Butter halb Olivenöl anbraten. Bei circa 180 °C etwa 6 bis 8 Minuten im Rohr fertiggaren und danach an einem warmen Ort

rasten lassen. In der Zwischenzeit den Bratenrückstand mit Rotwein ablöschen, Wildfond dazugeben, einkochen und die kalte Butter zur Bindung einrühren.
Für den Wildfond die Knochen auf einem Blech mit etwas Fett bei 250 °C im Rohr schön dunkelbraun rösten, ab und zu wenden. Nach etwa 30 Minuten das Gemüse dazugeben und weitere 20 Minuten rösten. Danach alles in einen Topf geben, so gut es geht auch den Bratenrückstand vom Blech lösen und dazugeben. Mit 3 Liter Wasser aufgießen, die Gewürze und Kräuter dazugeben und nach Kochbeginn circa 3 Stunden auf kleiner Flamme köcheln lassen. Als letzten Schritt abseihen.
Für das Püree die Erdäpfel schälen, in Salzwasser kochen, pressen und mit warmer Milch, Butter und den Gewürzen verarbeiten. Durch ein Sieb streichen und nicht zu warm das steif geschlagene Eiweiß unterheben.
Für die Palatschinken Eier und Mehl gut verrühren und mit Milch und einer Prise Salz verarbeiten. Bärlauch dazugeben, ausbacken, Stanitzel formen (tütenförmig einrollen) und mit dem Püree füllen. Butterflocken und Parmesan darüber streuen und im Rohr bei circa 200 °C 5 Minuten goldbraun backen.
Für den Spargelsud alle Zutaten in einen hohen Topf mit 1,5 Liter Wasser geben und den geschälten Spargel, am besten stehend, bissfest kochen.
Für die Reduktion alle Zutaten in einem Topf auf circa 1/3 einkochen lassen.
Für die Soße Hollandaise Eidotter und 3 bis 4 Esslöffel der Reduktion mit Senf, Zitronensaft, Salz und Paprikapulver über Dampf aufschlagen, vom Herd nehmen und die nicht zu heiße Butter in einem dünnen Strahl zügig einarbeiten.

ANRICHTEN

Den Maibockrücken auf einen vorgewärmten Teller legen, daneben die Palatschinken und den Spargel. Auf den Spargel die Soße Hollandaise und den Bratensaft rund um das Fleisch gießen.

WACHAUER WOK

Brandner Schiffahrt, Seite 128

ZUTATEN FÜR 4 PERSONEN

600 g Hühnerfilet, 400 g frisches Wokgemüse (Erbsenschoten, Karotten, Ingwer, Paprika), 100 g Marillenwürfel, 2 EL süß-saure Soße, 2 EL Sojasoße, 250 ml Hühnerfond, 1 Handvoll frische Kräuter, 250 g Basmatireis, 1 EL Butter zum Anschwitzen, 4 große Basilikumblätter, Salz, Pfeffer

ZUBEREITUNG

Das Hühnerfilet in daumengroße Würfel schneiden, die Gemüsemischung ebenfalls in mundgerechte Stücke teilen.
Den Basmatireis in einem Topf mit etwas Butter anschwitzen, mit circa 500 Milliliter Wasser zum Kochen bringen und mit einer Prise Salz würzen. Nach 5 Minuten Kochzeit beiseitestellen und eine halbe Stunde ziehen lassen.
In einer heißen Wokpfanne das Hühnerfilet goldbraun anbraten, das Wokgemüse beigeben und weiterbraten. Mit den Marillenwürfeln, der süß-sauren Soße und Sojasoße ablöschen. Mit dem Hühnerfond kurz aufkochen lassen und mit Salz, Pfeffer und den frischen Kräutern gut abschmecken.
Mit frischen Marillenstücken sowie Basilikumblättern garnieren.

REZEPTE

WACHAUER SCHICHTSTRUDEL

Hotel Restaurant Donauhof, Seite 132

ZUTATEN FÜR 18 PERSONEN (BLECH 30 X 50 CM)

APFELFÜLLE

2 kg Äpfel, 1 Zitrone, 50 g Semmelbrösel, 20 g Maisstärke, 50 g Rosinen, 30 g Kristallzucker, 80 g Butter, Zimt, Rum

TOPFENFÜLLE

1 kg Topfen (20 % Fett), 200 g Butter, 100 g Kristallzucker, 100 g Staubzucker, 5 Eier, 1/2 Zitrone, 50 g Rosinen, 1 Prise Salz

MOHNFÜLLE

500 ml Milch, 50 g Butter, 80 g Staubzucker, 600 g Mohn, Zimt, Rum, Salz

TEIG

600 g Blätterteig, 1 Ei

ZUBEREITUNG

Für die Apfelfülle die Äpfel schälen, vierteln und in vier Millimeter dicke Scheiben schneiden und mit Saft einer Zitrone vermengen. Butter in einer Pfanne erhitzen, Semmelbrösel beigeben, goldbraun rösten. Die Äpfel mit Kristallzucker, Stärkemehl sowie mit etwas Zimt, Rum und Rosinen abmengen.

Für die Topfenfülle Butter mit Staubzucker und abgeriebener Zitronenschale schaumig rühren. Eier trennen, Eidotter nach und nach einrühren, Topfen untermengen. Eiklar, Kristallzucker und Salz zu cremigem Schnee schlagen, mit den Rosinen unter den Abtrieb heben.

Für die Mohnfülle Butter, Milch mit Staubzucker, einer Prise Zimt und Salz gemeinsam aufkochen, Mohn einrühren, quellen lassen, gut rösten. Rum unterrühren, kalt stellen.

Blätterteig ausrollen und in zwei gleiche Teile schneiden. Blech mit Backpapier auslegen und den ersten Teil des Blätterteigs darauf legen. Fülle in drei Schichten auftragen, als Abschluss den zweiten Teil des Blätterteigs gut andrücken, mit Ei bestreichen und bei 180 °C backen.

Lauwarmen Strudel portionieren und mit Bourbon-Vanillesoße servieren.

VOLLKORN-KLOSTERBROT

Kultur & Tourismus Stift Melk, Seite 134

ZUTATEN FÜR 2 BROTLAIBE ODER 15–20 WECKERL

700 g glattes Mehl, 300 g Dinkelmehl, 500 g Roggenmehl, 500 ml Buttermilch oder Milch, 3 EL Salz, 1 EL Sonnenblumenkerne, 1 EL Fenchel, 1 EL Anis, 1 EL gemahlener Kümmel, etwas gemahlener Koriander 3 Pkg. Germ, 1 Prise Zucker, 1 Ei, verquirlt, Körner zum Bestreuen (z.B. Sonnenblumenkerne, Mohn, Sesam), Walnüsse (für Nussbrot)

ZUBEREITUNG

Mehle zusammenmischen, Buttermilch (ersatzweise Milch oder halb Buttermilch und halb Milch), Salz und Gewürze dazugeben.

Für das Dampferl die Germ zerbröseln, mit einer Prise Zucker, circa 1 Esslöffel Mehl und etwas lauwarmem Wasser glattrühren, gehen lassen und unter das Mehl mischen. Mit dieser Masse einen mittelweichen Germteig bereiten, circa 20 Minuten bei Zimmertemperatur gehen lassen.

Danach in gleiche Teile teilen (Weckerl oder Brot), diese formen und leicht einschneiden, mit Wasser-Ei-Gemisch bestreichen, mit Körnern nach Belieben bestreuen.

Wenn es ein Nussbrot werden soll, ganze Walnusskerne in den Teig einarbeiten und auch darauflegen, nochmals mit Ei-Gemisch bestreichen und circa 20 Minuten gehen lassen.

Bei circa 160 °C, je nach Größe 30 bis 60 Minuten backen.

ROTWEINKUCHEN NACH OMAS ART

Wein Ottmann, Seite 154

ZUTATEN FÜR 12 PORTIONEN

250 g Butter, 250 g Staubzucker, 1 Pkg. Vanillezucker, 4 Eier, getrennt, 100 g Kochschokolade, gerieben, 1 TL Zimt, 1 EL Kakao, 125–250 ml Rotwein (Blauer Zweigelt), 250 g glattes Mehl, 1 Pkg. Backpulver

ROTWEINGLASUR

150 g Staubzucker, gesiebt, 2–3 EL Rotwein

ZUBEREITUNG

Die Butter schaumig rühren, danach den Staubzucker, Vanillezucker und die Dotter dazugeben. Schokolade, Zimt, Kakao und Rotwein unterheben. Anschließend das Mehl mit dem Backpulver in die Masse einsieben. Das Eiklar zu Schnee schlagen und diesen vorsichtig in den Teig unterziehen. Wenn der Teig fertig ist, in einer Springform bei 185 °C circa 65 Minuten lang backen.

Sobald der Kuchen ausgekühlt ist, den gesiebten Staubzucker mit dem heißen Rotwein glattrühren und diese Glasur über den Kuchen gießen.

ANRICHTEN

Zur Garnierung und als Beilage des Kuchens empfehlen wir etwas Schlagobers oder Preiselbeeren.

REHRAGOUT MIT WURZELWERK UND BREZENKNÖDEL

Melker Stiftsrestaurant, Seite 138

ZUTATEN FÜR 6 PERSONEN

REHRAGOUT

1,5 kg Rehschulter, ausgelöst, 200 g Wurzelwerk (Karotten, gelbe Rüben und Sellerie), 12 Pfefferkörner, 6 Wacholderbeeren, angedrückt (oder im Mörser zerkleinert), 1 frisches Thymiansträußchen, 2 Lorbeerblätter, Öl zum Anbraten, Salz, weißer Pfeffer, 125 ml Rotwein, 250 ml Wildfond, 500 ml Rindsuppe, 2–3 EL Preiselbeeren, (evtl. Orangenzesten,125 ml Obers, Portwein zum Verfeinern)

BREZENKNÖDEL

500 g Laugenbrezen, 4–5 Schalotten, 70 g Butter, 4 Eier, 500 ml Milch, Muskatnuss, Salz

ZUBEREITUNG

Das Fleisch in circa 3 Zentimeter große Würfel schneiden, mit Salz und Pfeffer würzen. Pfefferkörner, Wacholderbeeren, Thymian und Lorbeerblätter in ein Gewürzei geben. Öl in einem Topf stark erhitzen und Fleisch rundum anbraten. Mit Rotwein ablöschen, Suppe und Wildfond zugießen. Preiselbeeren und Gewürzei beigeben und einmal aufkochen. Fleisch zugedeckt im Rohr bei 180 °C circa 80 Minuten dünsten. 20 Minuten vor Garende Wurzelwerk würfelig geschnitten beigeben und fertig garen. Zum Verfeinern kann man am Ende die Soße noch mit Obers auffüllen, Orangenzesten und Portwein dazugeben und einreduzieren lassen.

Für die Brezenknödel die Brezen in Würfel schneiden und in eine Schüssel geben. Schalotten schälen und klein schneiden, in Butter anschwitzen und mit Brezenwürfeln vermengen.

Eier trennen, Dotter mit Milch verquirlen und über die Brezen gießen. Masse ziehen lassen, bis die Brezen gut durchfeuchtet sind. Eiklar zu Schnee schlagen und unter die Masse heben, Masse mit Salz frisch gehackter Petersilie und geriebener Muskatnuss würzen. Knödelmasse in Frischhalte- und dann in Alufolie einrollen.

Circa 20 Minuten in fast kochendem Wasser ziehen lassen.

Das Ragout mit den in Scheiben geschnittenen Brezenknödel auf vorgewärmten Tellern anrichten und servieren.

BROTPRALINEN

Bäckereimuseum und Café Elisabeth Stummvoll, Seite 140

ZUTATEN FÜR 8 PERSONEN

WEISSBROT

500 g Weizenmehl Type 480, 10 g Salz, 10 g frische Germ, 350 g (!) Wasser

BRAUNBROT

400 g Weizenmehl Type 480, 100 g Roggenmehl Type 960, 10 g Salz, 10 g frische Germ, 350 g (!) Wasser

ZUM VERFEINERN (NACH WAHL)

Marillen, Mohn, geröstete Zwiebeln, Kräuter, Geselchtes, Schinken, getrocknete Paradeiser, Oliven, Kerne, Nüsse, Kümmel, Fenchel, Anis, Käse etc.

ZUBEREITUNG

Das Mehl mit den Salz vermischen, in das lauwarme Wasser (das Wasser abwiegen – diese Menge passt besser – und bei der Wasserzugabe achtgeben, die Mehlqualität (Kleber) ist verschieden!) die Germ einbröseln und in das Mehl untermischen, entweder mit der Hand oder dem Mixer kneten, bis der Teig feinporig ist. Eine Kugel formen, mit wenig Mehl bestäuben, zudecken und rasten lassen.

Den aufgegangenen Teig aufteilen und mit den verschiedenen Zutaten verfeinern, indem man sie einknetet. Diese Masse in dicke Rollen formen, dann in Stücke schneiden und kleine Kugeln formen. Die fertigen Kugeln auf ein leicht mit Öl eingefettetes Blech- oder Backpapier (die Kugel gehen auf – Abstand halten) legen und circa 15 Minuten gehen lassen (mit einem Tuch bedecken). Den Ofen auf 220 °C vorheizen, Blech einschieben, die Ofenwände mit Wasser besprühen, nach 2 Minuten die Ofentemperatur reduzieren auf 180 °C und noch circa 8 bis 10 Minuten goldgelb backen. Nicht zu dunkel, da die Kugeln sonst zu hart werden. Für mehr Glanz mit Wasser oder Öl bestreichen, etwas auskühlen lassen und noch lauwarm essen.

Dazu einen Wachauer Wein oder ein kühles Bier trinken. Man kann Brotpralinen auch als Suppeneinlage, in den Salat oder zu Käse essen.

REZEPTE

ZANDERFILET GEBRATEN AUF BÄRLAUCHRISOTTO UND VELTLINERSCHAUM

Gasthof Goldenes Schiff, Seite 148

ZUTATEN FÜR 4 PERSONEN

4 Zanderfilets (à 250 g), Salz, Zitrone, Öl, Mehl zum Bestauben

BÄRLAUCHRISOTTO

350 g Risottoreis, 80–100 g frischer Bärlauch, 60 g Zwiebeln, fein geschnitten, 3 EL Olivenöl, 125 m Weißwein, 1–1,5 l Gemüsefond, 40 g Butter, 2–3 EL Parmesan, 125 ml flüssiges Schlagobers, 1 Knoblauchzehe, Salz, Pfeffer

VELTLINERSCHAUM

3 Schalotten, fein geschnitten, Butter zum Anschwitzen, 250 ml Grüner Veltliner, 3 Lorbeerblätter, 250 ml Fischfond, 125 ml flüssiges Schlagobers

ZUBEREITUNG

Für das Bärlauchrisotto in einem Topf Olivenöl erhitzen und die fein geschnittene Zwiebel farblos anschwitzen. Risottoreis beigeben und glasig anlaufen lassen. Mit Wein ablöschen und reduzierend kochen. Unter ständigem Rühren nach und nach den Gemüsefond zugießen. Circa 18 Minuten bissfest garen. Anschließend ein kleines Stück Butter und geriebenen Parmesan beigeben. Salzen, pfeffern und mit einer gedrückten Knoblauchzehe abschmecken. Zum Schluss den fein gehackten frischen Bärlauch und flüssiges Schlagobers unterheben.
Die frischen Zanderfilets waschen und abtropfen lassen. Die Filets auf der Hautseite schröpfen (regelmäßig einschneiden) und mit Salz und Zitronensaft würzen. Die geschröpfte Seite des Filets mit Mehl bestauben und ins heiße Fett legen. Den Zander knusprig anbraten, wenden und fertig braten.
Für den Veltlinerschaum die fein geschnittenen Schalotten im Topf mit Butter anschwitzen und mit Veltliner aufgießen. Gewürze und Fischfond dazugeben und klein köcheln lassen. Mit dem Passierstab passieren, mit Salz abschmecken und Schlagobers hinzufügen und nochmals mit dem Passierstab aufschäumen.

ANRICHTEN

Das Bärlauchrisotto auf heißen Tellern anrichten und die Zanderfilets darauflegen. Den Veltlinerschaum rundum ziehen und mit einem Bärlauchblatt dekorieren.

NUSSKIPFERL NACH OMAS REZEPT

Turm Wachau, Seite 154

ZUTATEN FÜR 16 STÜCK

TEIG

400 g Mehl, 1 Päckchen frische Germ (Hefe), 125 ml Milch, 40 g Zucker, 2 Dotter, 1 Ei, 1 Prise Salz, Zitronenschale, 1 Schuss Rum

FÜLLE

250 g Nüsse, gerieben, 120 g Zucker, 125 ml Milch, 40 g Butter, 1 EL Marillenmarmelade, etwas Rum, Zimt

ZUBEREITUNG

Für den Teig zuerst alle trockenen Zutaten gut mit der Germ vermischen, dann Eier und Milch und nach Geschmack einen Schuss Rum dazugeben (der Teig soll nicht zu fest sein). So lange schlagen, bis sich der Teig vom Rand des Gefäßes löst. Zugedeckt circa 10 Minuten rasten lassen.

Für die Fülle in der Zwischenzeit Butter zerlassen, mit der Milch aufkochen und sofort mit den restlichen Zutaten verrühren.

Aus dem Teig zwei Kugeln formen und nochmals kurz aufgehen lassen. Danach jeweils einen Kreis ausrollen, mit je der Hälfte der Fülle bestreichen und (wie eine Torte) in 8 Teile schneiden. Jedes Teil von außen nach innen rollen und zu einem Kipferl formen. Nochmals kurz aufgehen lassen. Mit Eier-Milch-Mischung bestreichen und bei circa 180 °C 10 bis 12 Minuten backen.

Am besten schmecken die Kipferl noch lauwarm!

LIPTAUER

Weingut Graf, Seite 160

ZUTATEN FÜR 4 PERSONEN

500 g Brimsenkäse, 250 g Butter, 250 g Topfen, 250 g Rahm, 5 Sardellenringe, 3 Essiggurkerl, 1 Zwiebel, Gewürze: edelsüßes Paprikapulver, Kümmel, Senf, Salz, Pfeffer

ZUBEREITUNG

Butter schaumig rühren. Danach den Brimsenkäse, Topfen und Sauerrahm beigeben. Alles sehr gut durchrühren und die Gewürze nach Geschmack hinzufügen. Gurkerl, Zwiebel und Sardellenringe klein schneiden und in die Masse einrühren.

Die Liptauerportion mit Schnittlauch und Chili-Fäden auf dem Teller garnieren.

Man sollte den Liptauer ein paar Stunden im Kühlschrank rasten lassen.

Mit frischem Gebäck, zum Beispiel Wachauer Laberl, servieren.

REZEPTE

RAVIOLI VOM BROCCOLI, KALBSKOPF MIT BASILIKUM-PARADEISER-PINIENKERNBUTTER

Hotel Schloß Dürnstein, Seite 156

ZUTATEN FÜR 4 PERSONEN

RAVIOLITEIG

125 g griffiges Mehl, 125 g Hartweizengrieß, 2 Eier, 1 EL Olivenöl, 1 Spritzer Essig, Tomatenmark, Salz

BROCCOLI-FÜLLE

100 g Broccoli, 1 Schalotte, fein geschnitten, 60 ml Schlagobers, Muskat, gerieben, Salz, Pfeffer, 1 Prise Xantana, 40 g geriebenen Parmesan

KALBSKOPF-FÜLLE

100 g gepressten Kalbskopf, gekocht und fein würfelig geschnitten, 1 Schalotte, fein geschnitten, etwas geschnittene Petersilie, Majoran, weißer Pfeffer, Salz, 1 Prise Xantana, 20 g geriebener Parmesan

BASILIKUM-PARADEISER-PINIENKERNBUTTER

25 ml Weißwein, 1/2 Schalotte, 60 ml Hühnerfond, 50 ml Schlagobers, 50 g kalte Butter, würfelig geschnitten, 1 EL Paradeiser, würfelig geschnitten, 30 g Pinienkerne, 1 Bund Basilikumblätter, 60 ml Schlagobers

GARNIERUNG

12 Stk. gepresster Kalbskopf, in 15 mm große Würfel geschnitten, paniert und gebacken, 12 kleine Broccoliröschen, Salz, Pfeffer, Butter zum Schwenken des Broccoli (abschmecken), 4 Parmesanchips, 12 Basilikumblätter, in Öl gebacken

ZUBEREITUNG

Für den Ravioliteig Mehl, Grieß und Salz vermengen. Danach die Mehl-Grieß-Mischung halbieren, je 1 Ei, 1/2 Esslöffel Olivenöl und einen kleinen Spritzer Essig, sowie dem einen Teil eine Messerspitze Tomatenmark, dem anderen Teil einige Tropfen Wasser zufügen. Jeweils zu einem geschmeidigen Teig verkneten. Die beiden Teigstücke in Klarsichtfolie hüllen, kühl stellen und rasten lassen.

Für die Raviolifülle Broccoli kochen (den Stiel von den Rosen trennen und in dünne Scheiben schneiden), im Eiswasser abschrecken, kleine Röschen schneiden (für die Garnierung und Fülle). Schalotten anschwitzen, den geschnitten Stiel und Äste vom Broccoli beimengen, mit Obers aufgießen und einkochen, mit Muskat, Salz und Pfeffer würzen und pürieren. Etwas Xantana beigeben, um noch vorhandene Flüssigkeit zu binden. Den geriebenen Parmesan untermengen. Die Masse wird in den roten Ravioliteig gefüllt.

Für die Kalbskopffülle den fertig zubereiteten, gepressten Kalbskopf beim Fleischhauer kaufen. Schalotten anschwitzen, den in feine Würfel geschnittenen Kalbskopf, Petersilie, Salz, Pfeffer und Majoran untermengen, überkühlen lassen und den geriebenen Parmesan sowie etwas Xantana als Saftbinder beimengen, bis es eine schöne formbare Fülle ergibt. Die Masse wird in den gelben Ravioliteig gefüllt.

Beide Teige hauchdünn ausrollen, jeweils die Füllen in einen Spritzsack mit runder Dülle geben und den Teig in einem Abstand von circa 5 Zentimetern aufdressieren. Jeweils die andere Hälfte des Teiges auf den mit etwas Wasser eingepinselten Teig überstülpen (abdecken), mit der Hand an die Fülle anpressen und 5 Zentimeter große Kreise ausstechen. In reichlich Salzwasser 3 Minuten köcheln lassen.

Für die Basilikum-Paradeiser-Pinienkernbutter Weißwein und Schalotten einreduzieren (einkochen lassen), Hühnerfond aufgießen, wiederum was einkochen, Schlagobers beifügen, einreduzieren, abseihen, mit Butter montieren (eiskalte in kleine Würfel geschnittene Butter einrühren, Flüssigkeit darf nicht kochen, ansonsten gerinnt die Butter und es ergibt keine homogene Soße), mit Gewürzen, Paradeiserwürfeln und den gerösteten Pinienkernen vollenden.

Basilikumblätter fein schneiden, mit Schlagobers einkochen, würzen und pürieren und in die Butter dekorativ einziehen.

Den würfelig geschnittenen, gepressten Kalbskopf für die Garnierung panieren und herausbacken. Mit allen weiteren Komponenten zu einem schönen Gericht anrichten.

HUCHEN IN RIESLINGSOSSE MIT NACKTGERSTENRISOTTO

Restaurant Loibnerhof, Seite 158

ZUTATEN FÜR 4 PERSONEN

HUCHEN

1,4 kg Huchen, im Ganzen (für 800 g Filets), 50 g Gemüse (Fenchel, Sellerie, Zwiebel) für Fond, 1 TL Gewürze (Dill, Koriander, Salz) für Fond, 10 ml Riesling, Salz

NACKTGERSTENRISOTTO

250 g Nacktgerste, 20 g Zwiebel, 5 g Knoblauch, 20 g Butter, 10 g Parmesan, 5 g Petersilie, 25 g Salz

RIESLINGSOSSE

10 g Lauch, 1 Knoblauchzehe, 3 EL Olivenöl, 40 ml Riesling, 40 g Schlagobers

ZUBEREITUNG

Den Huchen filetieren und das Filet zuparieren. Die übriggebliebenen Huchen-Abschnitte mit Wasser, Riesling, Gemüse und Gewürzen auf kleiner Flamme ziehen lassen. Die portionierten Filets leicht salzen und im Huchen-Gemüse-Fond ebenfalls bei kleiner Flamme durchziehen lassen.
Für das Risotto die Nacktgerste in viel Wasser (1:10) wallend, leicht bissfest kochen, abseihen, salzen und ziehen lassen. Zwiebel und Knoblauch fein schneiden, in Butter ohne Farbe glacieren, mit Riesling ablöschen und diesen leicht einkochen lassen. Die gekochte Nacktgerste beigeben und mit Butterflocken verfeinern.
Für die Rieslingsoße Lauch und Knoblauch in Olivenöl glasig dünsten, mit Riesling aufgießen und leicht einkochen lassen. Mit Fischfond aufgießen und mit Schlagobers auf Konsistenz bringen.

ANRICHTEN

Die Nacktgerste mit etwas geriebenem Parmesan und frisch gehackter Petersilie vollenden und auf Tellern anrichten, die Huchenfilets darauf drapieren und mit der aufgeschäumten Rieslingsoße überziehen.
Als Garnitur eignen sich frisch blanchierte Spinatblätter und ein Dillzweig.

REZEPTE

SCHWEINEMEDAILLONS VOM TULLNERFELDSCHWEIN, KNOBLAUCHSOSSE, WALDVIERTLER KNÖDEL

Landgasthof Schickh, Seite 162

ZUTATEN FÜR 4 PERSONEN

720 g Schweinemedaillons vom Lungenbraten (Filet), 2 EL Rapsöl, Salz, Pfeffer

KNOBLAUCHSOSSE

125 ml Obers, 125 ml Crème Fraîche, 250 ml Rindsuppe, 1 EL griffiges Mehl, 2 Knoblauchzehen, Salz, Pfeffer

WALDVIERTLER KNÖDEL

2 kg mehlige Kartoffel 150 g Kartoffelstärke, 50 g Grieß, Salz

ZUBEREITUNG

Medaillons aus dem zugeputzten Lungenbraten schneiden, mit Salz und Pfeffer würzen und in etwas heißem Öl beidseitig scharf anbraten.

Das Fleisch aus der Pfanne nehmen und den Bratenrückstand mit Obers, Rindsuppe und Crème Fraîche ablöschen, ein wenig einkochen lassen und dann mit einem Schneebesen langsam nach und nach das Mehl einrühren, bis die gewünschte sämige Soße entsteht (sollte nicht zu dick werden). Den gepressten Knoblauch dazugeben und alles mit einem Stabmixer aufmixen. Mit Salz und Pfeffer abschmecken, das Fleisch in die Soße legen und noch 3 Minuten darin ziehen lassen.

Für die Knödel Kartoffeln kochen und im noch heißen Zustand schälen. Danach gleich durch eine Kartoffelpresse drücken, Kartoffelstärke und Grieß sowie eine Prise Salz dazugeben. In der Küchenmaschine zu einem Teig verkneten. Die geformten Knödel in leicht gesalzenes, kochendes Wasser einlegen und 15 Minuten leicht köcheln lassen.

ANRICHTEN

Die Medaillons mit der Soße auf einem vorgewärmten Teller anrichten, die Knödel in der Mitte mit frisch gehackter Petersilie bestreuen.

ENTE GEBRATEN MIT MARILLENSOSSE UND KARTOFFEL-MOHNNUDELN

Gasthaus zum Elefanten, Seite 164

ZUTATEN FÜR 4 PERSONEN

1 ganze Ente, 1/2 Orange, 1/2 Apfel, 2 TL Honig, 250 ml Geflügelfond, Salz, Pfeffer, Majoran

KARTOFFEL-MOHNNUDELN

500 g mehlige Kartoffeln, 3 Dotter, 100 g griffiges Mehl, 40 g Grieß, 40 g Butter, 100 g Mohn, gerieben, Salz

MARILLENSOSSE

2 Schalotten, 100 g getrocknete Marillen, 150 ml Marillennektar, Salz, weißer Pfeffer

ZUBEREITUNG

Die Ente gut waschen, abtupfen, mit Salz und Pfeffer würzen und mit der Orange, dem Apfel und Majoran füllen. (Wichtig: Kein Majoran außen auf die Ente, da dieser verbrennt und bitter wird).

Die gewürzte Ente ins Rohr geben und bei 180 °C circa 1 1/2 Stunden braten. Den Geflügelfond mit dem Honig verrühren und die Ente alle 15 Minuten damit übergießen. Sobald die Haut goldbraun gebraten ist, die Ente wenden und das Ganze wiederholen.

Die fertige Ente aus dem Rohr nehmen und etwas abkühlen lassen. Anschließend die noch warme Ente tranchieren.

Für die Kartoffel-Mohnnudeln die Kartoffeln schälen, in gleichmäßige Stücke schneiden und in Salzwasser gar kochen. Abseihen und im Backrohr bei 60 Grad ausdampfen. Mit der Kartoffelpresse passieren, auskühlen lassen und danach die Dotter damit vermischen. Mehl und Grieß dazugeben und schnell verarbeiten.

Den Teig in 2 Zentimeter dicke Stangen rollen, in kleine Stücke schneiden und Nudeln formen. In Salzwasser 6 bis 8 Minuten kochen. Etwas Butter zergehen lassen, den Mohn dazumengen und die Schupfnudeln darin schwenken.

Für die Marillensoße die Schalotten schälen, klein würfelig schneiden und in Öl anschwitzen, bis sie goldgelb sind, nicht zu dunkel. Danach die klein geschnittenen getrockneten Marillen hinzufügen und etwas mit anrösten. Mit Marillennektar aufgießen und mit Salz und Pfeffer abschmecken. Das Ganze dann etwas einreduzieren, so dass eine schöne Glace entsteht.

REZEPTE

JUNGSCHWEINBRATEN MIT SCHWARZBIERSOSSE, KRAUTSALAT UND ERDÄPFELKNÖDELN

Gasthof Alte Post, Seite 166

ZUTATEN FÜR 4 PERSONEN

800 g Jungschweinbraten (Schulter mit Schwarte), 5 Knoblauchzehen, gepresst, 1/2 ganzer TL Kümmel, 100 g Karotten, 50 g Sellerie, 180 g Zwiebel, 500 ml Schwarzbier, 200 ml Wasser, 60 ml Öl, 20 g Butter, geschmolzen, 10 g Mehl, Salz, Pfeffer

KRAUTSALAT

900 g frisches Weißkraut, 120 g durchzogener Speck, 120 g Zwiebeln, etwas Öl, 600 ml Rindsuppe oder Wasser, 75 ml Essig, 75 g Zucker, 1 TL Kümmel, im Ganzen, Salz

ERDÄPFELKNÖDEL

600 g rohe Erdäpfel, 300 g Erdäpfel, gekocht und geschält, 20 g Grieß, 20 g Stärkemehl, Muskat, Salz

ZUBEREITUNG

Die Schwarte 1 Zentimeter tief einschneiden und mit Salz, Pfeffer, Knoblauch und Kümmel würzen. Das Gemüse in 2 Zentimeter große Stücke schneiden mit dem Öl und in eine Bratpfanne geben. Den Braten auf das Gemüse setzen und im vorgeheizten Backrohr bei circa 180 °C eine Stunde braten. Den Braten immer wieder mit Bier und Wasser aufgießen. Die Soße in einen Topf geben. Die geschmolzene Butter mit dem Mehl mischen und damit die Soße binden.

Speck und die Zwiebel in feine Würfel schneiden und in Öl ohne Farbe anrösten. Mit Rindsuppe (oder Wasser) und Essig aufgießen. Mit Zucker, Kümmel und Salz würzen. Das fein gehobelte Kraut dazugeben und circa 10 Minuten weichdünsten lassen.

Für die Erdäpfelknödel die kalten gekochten Erdäpfel pressen, Grieß und Stärkemehl unter die Erdäpfel mischen, mit Salz und Muskat würzen. Die rohen Erdäpfel schälen und in Wasser fein reiben, durch ein Leintuch abseihen und gut auspressen, unter die Masse mengen. Gleich die Knödel formen, in kochendem Salzwasser circa 20 Minuten bei geringer Hitze kochen. Alles anrichten und sofort servieren.

GROSSMUTTERS MARILLENKNÖDEL

Hotel Goldener Engel, Seite 168

ZUTATEN FÜR 4 PERSONEN

MARILLENKNÖDEL

300 g Mehl, 30 g Butter oder Öl, Salz, 1 Ei, 750 g Marillen, Würfelzucker

BUTTERBRÖSEL

100 g Brösel, 80 g Butter

MARILLENMARMELADE

1 kg Marillen, 500 g Kristallzucker

ZUBEREITUNG

Für die Marillenknödel die Butter mit 375 Milliliter Wasser aufkochen lassen, das Mehl beigeben und so lange abtreiben bzw. schaumig schlagen, bis sich der Teig vom Boden löst. Den Teig auf einem Schneidebrett auskühlen lassen. Währenddessen die Marillen entkernen und den Kern jeweils durch ein Stück Würfelzucker ersetzen. Zum Teig das Ei dazugeben und leicht salzen, danach glattkneten. Eine Rolle formen und in etwa 30 Stücke schneiden, damit jede Marille vollständig einwickeln und den Teig an den Rändern gut festdrücken. Die Knödel 5 Minuten in kochendem Salzwasser langsam gar ziehen lassen.

Für die Marillenmarmelade die Marillen entkernen, in kleine Stücke schneiden, mit wenig Wasser zerkochen und dabei ständig rühren. Kristallzucker dazugeben und nochmals 5 Minuten kochen lassen.

Brösel in Butter hellbraun rösten, die gekochten Knödel in den Bröseln rollen. Mit etwas Zucker bestreuen, Marillenmarmelade beigeben und genießen.

Das Rezept kann saisonal auch mit anderen Früchten, zum Beispiel Zwetschken, zubereitet werden.

WACHAUER TOPFENSCHMARRN MIT MARILLENRÖSTER

S'Lerchal, Seite 170

ZUTATEN FÜR 4 PERSONEN

TOPFENSCHMARRN

80 g Mehl, 3 Eier, 1 Pkg. Backpulver, 70 g Grieß, 250 g Topfen, 125 ml flüssiges Schlagobers, 1 Prise Salz, 15 g Staubzucker

MARILLENRÖSTER

1 kg Marillen, 150 g Zucker, 1 Vanilleschote, 1 EL Marillenschnaps, 1 Prise Zimt, 2 EL Zitronensaft, Zimt

ZUBEREITUNG

Alle Zutaten miteinander verrühren, bis ein dickflüssiger Teig entsteht. Ein Viertel des Teigs in eine heiße mit Öl gefettete Pfanne geben und beidseitig anbacken (in vier Portionen ist der Teig leichter zu wenden). Dann alle vier Teile mit einer Gabel in kleine Stücke reißen und nochmals kurz herausbacken. Anzuckern.

Die Marillen waschen, entkernen und vierteln. Dann mit den anderen Zutaten vermischen und circa 30 Minuten lang ziehen lassen. Den Backofen auf 180 °C vorheizen, die Marillenmischung in eine feuerfeste Form geben und 15 Minuten weichgaren. Dabei immer wieder umrühren. Lauwarm oder kalt zum Topfenschmarrn servieren.

REZEPTVERZEICHNIS

REZEPTVERZEICHNIS

ADRESSVERZEICHNIS

B

BÄCKEREI .AUGENDOPLER *58*
Franz Augendopler
Marktplatz 14
A-4101 Feldkirchen
Tel. 00 43 (0) 72 33 / 72 91
Fax 00 43 (0) 72 33 / 72 91
baeckerei.augendopler@a1.net

BÄCKEREI HOFT *24*
Anton Hoft
Spitalhofstraße 88
D-94032 Passau
Tel. 00 49 (0) 8 51 / 95 54 00
Fax 00 49 (0) 8 51 / 95 54 22
a.hoft@baeckerei-hoft.de
www.baeckerei-hoft.de

BÄCKEREIMUSEUM UND CAFÉ *140*
Elisabeth Stummvoll
Markt 14
A-3622 Mühldorf
Tel. 00 43 (0) 27 13 / 82 43
Mobil 00 43 (0) 6 76 / 6 24 28 92
info@baeckereimuseum.at
www.baeckereimuseum.at

BEEF BOYS *20*
Benedikt Lohr
Roßtränke 10
D-94032 Passau
Tel. 00 49 (0)8 51 / 98 90 72 84
passau@beefboys.de
www.beefboys.de

BIO-WIRTSHAUS ZUM FLIEGERBAUER *26*
Karl und Doris Fliegerbauer
Stelzlhof 1
D-94034 Passau
Tel. 00 49 (0)8 51 / 9 88 34 39
fliegerbauer@biowirtshaus.de
www.biowirtshaus.de

BRANDNER SCHIFFAHRT GMBH *128*
Mag. Brandner-Mosser
Dipl.-Ing. Wolfram Mosser
Ufer 15
A-3313 Wallsee
Tele. 00 43 (0) 74 33 / 25 90 21
schiffahrt@brandner.at
www.brandner.at

C

CAFÉ GREINDL *18*
Stephan Greindl
Wittgasse 8
D-94032 Passau
Tel. 00 49 (0) 8 51 / 3 56 77
greindl.gmbh@t-online.de
www.greindl-passau.de

CAFÉ-KONDITOREI SCHÖRGI *104*
Helmut und Helga Schörgi
Rathausgasse 2
A-4360 Grein
Tel. 00 43 (0) 72 68 / 3 50
Fax 00 43 (0) 72 68 / 3 50-4
geniessen@schoergi.at
www.schoergi.at

D

DONAU OBERÖSTERREICH *70*
Vorsitzender Friedrich Bernhofer
Lindengasse 9
A-4040 Linz
Tel. 00 43 (0) 7 32 / 72 77-800
Fax 00 43 (0) 7 32 / 72 77-804
info@donauradweg.at
www.donauradweg.at

DONAUPARADIES GASTHOF GIERLINGER *46*
Veronika und Gerhard Gierlinger
Grafenau 17
A-4131 Obermühl
Tel. 00 43 (0) 72 86 / 72 13
Fax 00 43 (0) 72 86 / 72 13-22
gasthof.gierlinger@aon.at
www.gasthof-gierlinger.at

F

FREIZEITANLAGE SCHLÖGEN *40*
Andrea Winkler
Mitterberg 3
A-4083 Haibach
Tel. 00 43 (0) 72 79 / 87 22
Fax 00 43 (0) 72 79 / 82 41 22
info@freizeitanlage-schloegen.at
www.freizeitanlage-schloegen.at

G

GASTHAUS GOLLINGERHOF *112*
Gerhard und Michaela Seiberl
Hauptstraße 79
A-3381 Golling an der Erlauf
Tel. 00 43 (0) 27 57 / 23 71
gasthausgollingerhof@aon.at
www.gasthaus-gollingerhof.at

GASTHAUS LINDBAUER *72*
Gerhard Mayer
Linke Brückenstraße 2
A-4040 Linz
Tel. 00 43 (0) 7 32 / 73 15 97
Mobil 00 43 (0) 6 64 / 4 23 28 53
gasthaus.lindbauer@lindbauer.at
www.gasthaus-lindbauer.at

GASTHAUS ZUM ELEFANTEN *164*
Josef Königslehner
Schürerplatz 9
A-3504 Krems-Stein
Tel. 00 43 (0) 27 32 / 8 50 16
office@zum-elefanten.at
www.zum-elefanten.at

GASTHOF ALTE POST *166*
Karl Brunner
Obere Landstraße 32
A-3500 Krems
Tel. 00 43 (0) 27 32 / 8 22 76
Fax 00 43 (0) 27 32 / 8 43 96
willkommen@altepost-krems.at
www.altepost-krems.at

GASTHOF GOLDENES SCHIFF *148*
Paul und Eva Reiböck
Mittergasse 5
A-3620 Spitz
Tel. 00 43 (0) 27 13 / 23 26
Fax 00 43 (0) 27 13 / 28 54
info@goldenesschiff.at
www.goldenesschiff.at

GASTHOF KLAFFENBÖCK *38*
Reinhold Klaffenböck
Kasten a.d. Donau 15
A-4091 Vichtenstein
Telefon 00 43 (0) 77 14 / 65 05
Telefax 00 43 (0) 77 14 / 65 05-6
office@reinhold-kasten.at
www.reinhold-kasten.at

GASTHOF PENSION ERNST *48*
Familie Ernst
Untermühl 4
A-4114 Neuhaus
Tel. 00 43 (0) 72 32 / 29 19
Fax 00 43 (0) 72 32 / 3 81 31
office@gasthof-ernst.at
www.gasthof-ernst.at

GASTHOF REUTNER *108*
Gabriele Reutner
Schloßberg 11
A-4391 Waldhausen im Strudengau
Tel. 00 43 (0) 72 60 / 42 24
Fax 00 43 (0) 72 60 / 42 24-4
gasthof.reutner@aon.at
www.gasthof-reutner.at

GASTHOF SCHACHNER *98*
MACHLANDSTUBEN
Cornelia Schachner
Hauptplatz 14
A-4320 Perg
Tel. 00 43 (0) 72 62 / 5 23 39
Fax 00 43 (0) 72 62 / 5 23 39-2
kontakt@restaurant-schachner.at
www.restaurant-schachner.at

GASTHOF SCHAUER *106*
Christoph Schauer
Markt 6
A-4391 Waldhausen
Tel. 00 43 (0) 72 60 / 42 27
Fax 00 43 (0) 72 60 / 42 27-4
gh.schauer@aon.at
www.gh-schauer.at

GASTHOF STRUDENGAU *102*
Mag. Doris Winter
Kreuznerstraße 13
A-4360 Grein
Telefon 00 43 (0) 72 68 / 22 60
office@gasthof-strudengau.at
www.gasthof-strudengau.at

ADRESSVERZEICHNIS

H

HAMETNERS MOSTSCHÄNKE 78
Andreas und Maria Rammer
Am Pfenningberg 8
A-4040 Linz
Tel. 00 43 (0) 7 32 / 75 04 99
andi.rammer@gmx.at
www.mostbauer-hametner.at

HEILIG-GEIST-STIFTSCHENKE 22
FRITZ MAYER
Heilig-Geist-Gasse 4
D-94032 Passau
Tel. 00 49 (0)8 51 / 26 07
Fax 00 49 (0)8 51 / 3 53 87
info@stiftskeller-passau.de
www.stiftskeller-passau.de

HOTEL DONAUSCHLINGE 42
Eva Gugler
Schlögen 2
A-4083 Haibach
Tel. 00 43 (0) 72 79 / 82 12
Fax 00 43 (0) 72 79 / 82 40-520
hotel@donauschlinge.at
www.donauschlinge.at

HOTEL GOLDENER ENGEL 168
Familie Ehrenreich
Wienerstraße 41
A-3500 Krems
Tel. 00 43 (0) 27 32 / 8 20 67
Fax 00 43 (0) 27 32 / 7 72 61
engel@ktv-krems.at
www.hotel-ehrenreich-krems.at

HOTEL RESTAURANT 132
DONAUHOF
Familie Pichler
Emmersdorf 40
A-3644 Emmersdorf
Tel. 00 43 (0) 27 52 / 7 17 77
Fax 00 43 (0) 27 52 / 7 17 77-44
hotel@donauhof.com
www.donauhof.com

HOTEL RESTAURANT 56
FAUSTSCHLÖSSL
Familie Zauner
Oberlandshaag 72
A-4101 Feldkirchen
Tel. 00 43 (0) 72 33 / 74 02
Fax 00 43 (0) 72 33 / 74 02-40
faustschloessl@aon.at
www.faustschloessl.at

HOTEL RESTAURANT 28
WALDSCHLOSS
Hans-Christoph Haas
Gattern 1
A-4784 Schardenberg-Mariahilf
Tel. 00 43 (0) 77 13 / 6 74 00
Fax 00 43 (0) 77 13 / 6 74 00-10
office@waldschloss.at
www.waldschloss.at

HOTEL SCHACHNER 110
Ferdinand Schachner GmbH
A-3672 Maria Taferl 24
Tel. 00 43 (0) 74 13 / 63 55
Fax 00 43 (0) 74 13 / 63 55-83
office@hotel-schachner.at
www.hotel-schachner.at

HOTEL 156
SCHLOSS DÜRNSTEIN GMBH
Familie Thiery
Geschäftsführer: Johannes Christian Thiery
A-3601 Dürnstein 2
Tel. 00 43 (0)27 11 / 2 12
Fax 00 43 (0)27 11 / 2 12-30
hotel@schloss.at
www.schloss.at

K

KARLINGBERGERS 100
BIO-MOSTHEURIGER
Andreas Langeder
Karlingberg 3
A-4320 Perg
Tel. 00 43 (0) 72 62 / 5 77 63
Fax 00 43 (0) 72 62 / 5 77 63-20
langeder@mostheuriger-perg.at
www.mostheuriger-perg.at

KULTUR & TOURISMUS 134
STIFT MELK
Pater Martin Rotheneder
Abt-Berthold-Dietmayr-Straße 1
A-3390 Melk
Tel. 00 43 (0) 27 52 / 5 55-225
Fax 00 43 (0) 27 52 / 5 55-226
kultur.tourismus@stiftmelk.at
www.stiftmelk.at

ADRESSVERZEICHNIS

T

TURM WACHAU *154*
Josi und Heinz Rosenberger
Auf der Burg 140
A-3610 Weißenkirchen
Mobil 00 43 (0) 6 64 / 2 01 38 50
rosenberger@turm-wachau.at
www.turm-wachau.at

W

WEIN OTTMANN *152*
Isabella und Richard Ottmann
Lichtgartl 374
A-3610 Weißenkirchen
Tel. 00 43 (0) 27 15 / 7 28 42
Mobil 00 43 (0) 6 50 / 6 66 66 27
office@wein-ottmann.at
www.wein-ottmann.at

WEINGUT EMMERICH KNOLL *158*
Unterloiben 10
A-3601 Dürnstein
Tel. 00 43 (0) 27 32 / 7 93 55
Fax 00 43 (0) 27 32 / 7 93 55-5
weingut@knoll.at
www.loibnerhof.at/de/weingut.html

WEINGUT FRANZ HIRTZBERGER *150*
Franz Hirtzberger
Kremserstraße 8
A-3620 Spitz
Tel. 00 43 (0) 27 13 / 22 09
Fax 00 43 (0) 27 13 / 22 09-20
weingut@hirtzberger.com
www.hirtzberger.com

WEINGUT GEBETSBERGER *146*
Stefan und Manuela Gebetsberger
Hauptstraße 34
A-3620 Spitz
Tel. 00 43 (0) 27 13 / 20 96
Fax 00 43 (0) 27 13 / 20 96-14
wein@weingut-gebetsberger.at
www.weingut-gebetsberger.at

WEINGUT GRAF *160*
Inge und Gerald Graf
A-3512 Mauternbach 14
Tel. 00 43 (0) 27 32 / 8 27 43
Mobil 00 43 (0) 6 64 / 3 80 23 83
office@weingut-graf.at
www.weingut-graf.at

WEINGUT GRITSCH *144*
Roman Gritsch
Radlbach 11
A-3620 Spitz
Tel. 00 43 (0) 27 13 / 22 08
Fax 00 43 (0) 27 13 / 22 08
info@weingut-gritsch-wachau.at
www.weingut-gritsch-wachau.at

WEINGUT PIEWALD *142*
Helmut Piewald
Gut am Steg 2
A-3620 Spitz
Tel. 00 43 (0) 27 13 / 21 69
Fax 00 43 (0) 27 13 / 21 69-4
wein@weingut-piewald.at
www.weingut-piewald.at

WIA Z'HAUS LEHNER *76*
Margot Koll
Harbacher Straße 38
A-4040 Linz
Tel. 00 43 (0) 7 32 / 73 05 10
Mobil 00 43 (0) 6 99 / 12 76 49 64
margot.koll@wiazhaus-lehner.at
www.wiazhaus-lehner.at

SCHLOSS RANNARIEDL

Besondere Adressen für Sie entdeckt

Elsass – Alsace
272 Seiten, Hardcover
978-3-86528-557-7

Franken
200 Seiten, Hardcover
978-3-86528-553-9

Mecklenburg-Vorpommern
368 Seiten, Hardcover
978-3-86528-460-0

Stuttgart
160 Seiten, Hardcover
978-3-86528-559-1

Salzkammergut
200 Seiten, Hardcover
978-3-86528-550-8

Zürich
160 Seiten, Hardcover
978-3-86528-544-7

Hamburg
160 Seiten, Hardcover
978-3-86528-455-6

München und Tegernseer Tal
224 Seiten, Hardcover
978-3-86528-551-5

Bestes Handwerk vom Schwarzwald bis zum Neckar
144 Seiten, Hardcover
978-3-86528-519-5

Bestes Handwerk Wien
160 Seiten, Hardcover
978-3-86528-468-6

Raum & Design München
200 Seiten, Hardcover
978-3-86528-546-1

Faszination Welterbe Deutschlands Norden
256 Seiten, Hardcover
978-3-86528-545-4

Weitere Empfehlungen für Sie

La mia cucina
Sante de Santis
192 Seiten, Hardcover
978-3-86528-710-6

Wild
Harald Rüssel
208 Seiten, Hardcover
978-3-86528-734-2

Die Champagner Macher
320 Seiten
Hardcover mit Schutzumschlag
978-3-86528-716-8

What Katie Ate
304 Seiten, Hardcover
978-3-86528-683-3

Sweet Vegan
144 Seiten, Softcover
978-3-86528-761-8

Schlau gärtnern
Auf der Fensterbank, dem Balkon und im Garten
256 Seiten, Hardcover
978-3-86528-733-5

UMSCHAU
Die genussvollen Seiten des Lebens

Für weitere Informationen über unsere Reihen wenden Sie sich direkt an den Verlag:

Neuer Umschau Buchverlag
Moltkestraße 14
D-67433 Neustadt / Weinstraße

☎ + 49 (0) 63 21 / 877-852
+ 49 (0) 63 21 / 877-859
@ info@umschau-buchverlag.de

Besuchen Sie uns
auch im Internet:
www.umschau-buchverlag.de

IMPRESSUM

RECHERCHE
Gottfried Hirtenlehner, Gmunden, Österreich

TEXTE
Mag. Sabine Knoll, Unterloiben, Österreich
www.sohreya.net

FOTOS
Fotostudio Gerhard Fally, Wien
www.fotofally.at

Daniel Schvarcz, München
www.d-s-photo.com

Sabine Knoll

Gerhard Fally

LEKTORAT, GESTALTUNG UND PRODUKTION
komplus GmbH, Heidelberg, www.komplus.de

REPRODUKTION
Blaschke Vision, Freigericht

KARTE
Trantow Atelier, Grafik & Illustration
Herbolzheim, www.trantow-atelier.de

DRUCK UND VERARBEITUNG
NINODRUCK GmbH, Neustadt/Weinstraße
www.ninodruck.de

Printed in Germany
ISBN: 978-3-86528-459-4

Besuchen Sie uns im Internet:
www.umschau-buchverlag.de

Abbildungen

Gerhard Fally, Seiten 53 links unten, 58–59, 60, 72–75, 76–77, 78–79, 88–89, 90–91, 92–95, 96–97, 98, 99 oben und unten, 100–101, 102, 103 Mitte und unten, 104–105,106–107, 108–109, 110–111, 112–113, 114–120, 122–123, 124–127, 128–129, 130, 131 oben und unten, 132, 133 Mitte, 135 oben und unten, 136, 137 beide unten, 138–139, 140–141,142–143, 144–145, 146–147, 148–149, 152–153, 154–155, 156–157, 158–159, 161–161, 162–163, 164–165, 166–167, 168–169, 170–171, 172–185

Daniel Schvarcz, Seiten 4, 11, 12–13, 14–17, 18–19, 20–21, 22–23, 24–25, 26–27, 28–29, 30–31, 32–33, 34–37, 38–39, 40–41, 42–43, 44–45, 46–47, 48–49, 54 unten, 50–51, 52, 53 rechts unten, 55, 56–57, 60, 61 oben und unten, 62–63, 64–65, 80–81, 82–86, 87 links, 121, 186–187, 191, 197

Wir bedanken uns für die freundlicherweise zur Verfügung gestellten Fotos bei:
Seite 56: Hotel Restaurant Faustschlössl
Seiten 66–69, 87 rechts: www.p-format.at, Linz-Leonding, Österreich
Seiten 70–71: Donauradweg
Seite 61 Mitte: Landgasthof Pension Dieplinger, Silvia Reitmaier
Seite 99 Mitte: Gasthof Schachner Machlandstuben
Seite 103 oben: Gasthof Strudengau
Seite 131 Mitte: S'Felsengartl
Seite 133 oben und unten: Hotel Restaurant Donauhof
Seite 134: Kultur & Tourismus Stift Melk, Picasa,
Seite 135 Mitte: Kultur & Tourismus Stift Melk (Pater Jeremia Eisenbauer)
Seite 137 oben: Kultur & Tourismus Stift Melk (Pater Martin Rotheneder),
Seite 150–151: Weingut Franz Hirtzberger

Foto Sabine Knoll: Michael Iwaniewicz
Foto Gerhard Fally: Katja Vuckovic

Umschlag:
Vorderseite v.l.n.r. Fally, Fally, Schvarcz, Fally, Fally
Rückseite v.l.n.r. Fally, Schvarcz, Fally, Schvarcz, Schvarcz